Ludwig Frank

Auf den Bühnen der Welt

Die Macht des Schicksals

AUF DEN BÜHNEN DER WELT

Die Macht des Schicksals

LUDWIG FRANK

ULTRAVIOLETT VERLAG
2023

Für meine Mutter

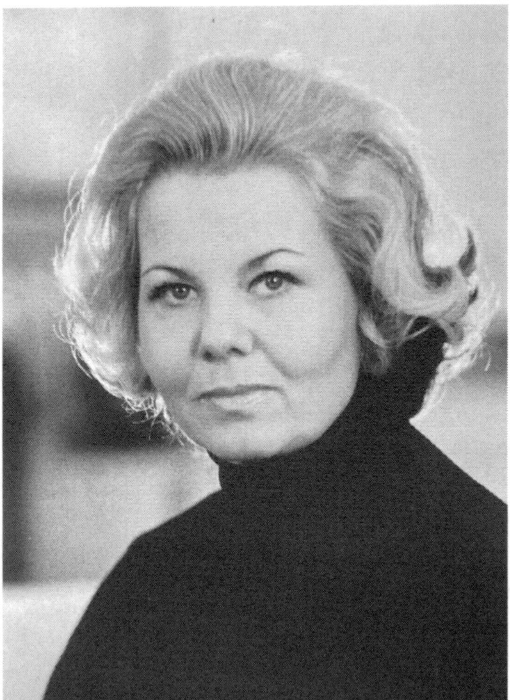

INHALT

VORWORT

Wenn wir etwas unbedingt, aus ganzem Herzen wollen und uns auch anstrengen, um das zu erreichen, dann klappt es in den allermeisten Fällen auch. Dann dirigiert die Macht des Schicksals unsere Schritte. Dann kommen die Dinge so, wie sie kommen sollen. Wenn man sie lässt.

In den ersten sechzehn Lebensjahren haben meine Eltern mein Schicksal gesteuert. Mehr oder weniger. Denn schon als Kind setzte ich mich mit aller Kraft dafür ein, die Dinge machen zu können, die ich unbedingt machen wollte. So blieb es.

Ich bin ein emotionaler Mensch, ich lasse die Dinge gerne an mich heran. Emotional sein heißt, sich auch für das zu öffnen, was unmöglich erscheint. Wenn ich ganz fest an etwas glaube, es als richtig erachte, bin ich bereit, dafür schier grenzenlose Risiken einzugehen. Ich sehe diese Risiken nicht als unüberwindbar an. Andere schlagen ihre Hände über dem Kopf zusammen und sind oft entgeistert über das, was ich da vorhabe.

Oft schon wurde ich für verrückt gehalten. Mit manchen Sachen bin ich gescheitert, aber das Wesentliche hat funktioniert. Aus jedem Scheitern habe ich letztlich etwas Positives mitgenommen und mein Optimismus hat mich auch durch schier ausweglose Situationen getragen. Meine beiden Mottos »Leben und leben lassen« und »Man sieht sich immer zweimal im Leben« haben mich bis heute gut und auch erfolgreich begleitet.

Das Schicksal meinte es gut mit mir. Ich habe die Musik, ich war und bin erfolgreich in dem Beruf, für den ich brenne, ich habe eine großartige Tochter und mit meiner ehemaligen Ehefrau Kathrin verstehe ich mich immer noch sehr gut.

Mit 50 brauchte ich eine Auszeit, um mein Leben aus der Distanz betrachten zu können. Ich brach mit dem Fahrrad auf und radelte auf meiner »Tour de Frank« von Helsinki nach San Sebastian. Dabei lernte ich nicht nur die Länder, sondern auch mich neu kennen.

Und wenige Jahre später schenkte mir das Schicksal noch einmal die Liebe. Die unglaubliche Liebe zu einer Frau, die ich schon länger als 25 Jahre kenne. Dieser Liebe widme ich dieses Buch. Sie heißt Wanchen.

Das Leben hat immer etwas Unerwartetes in petto. Man nennt das Schicksal.

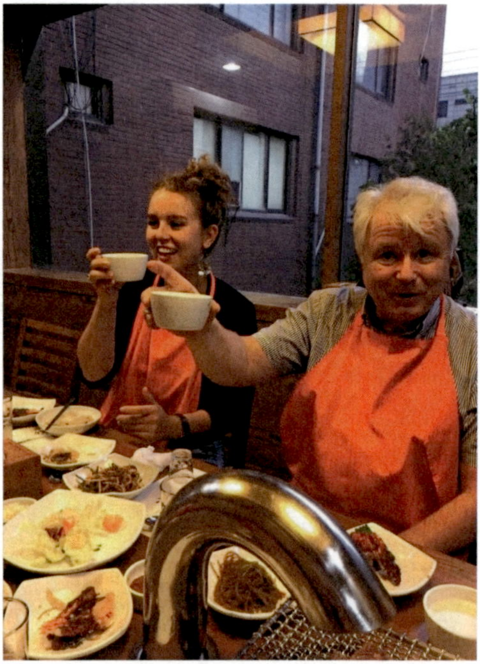

Mit meiner Tochter Pauline bin ich gern musikalisch und kulinarisch unterwegs.

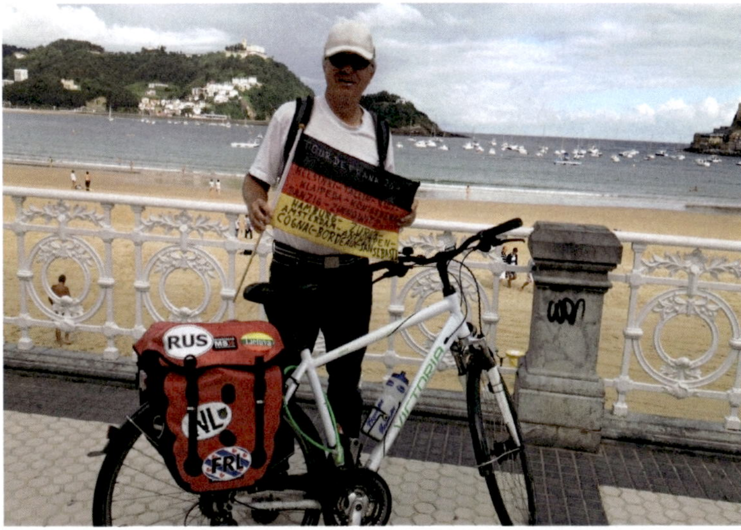

Einen Moment aussteigen: Meine „Tour de Frank" führte mich auf dem Fahrrad von Helsinki ins nordspanische San Sebastián.

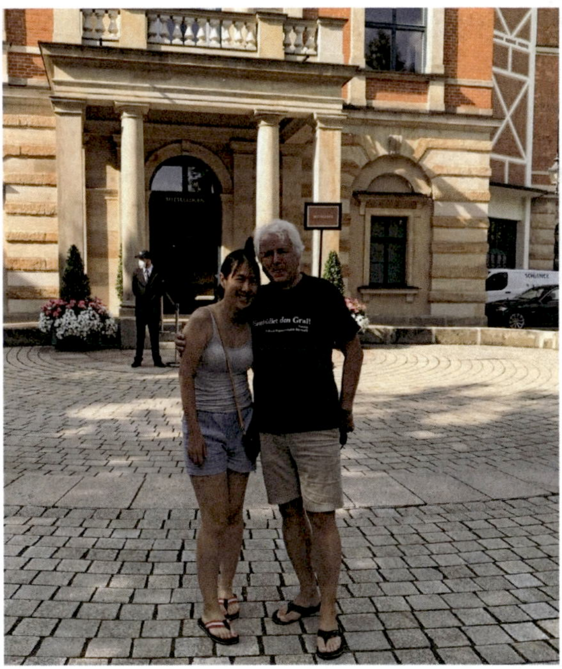

Mit Wanchen vor dem Bayreuther Festspielhaus

MUSIK IN DER WIEGE

Am 20. Mai 1963 wurde ich mit 10,1 Pfund im Diakonissenkrankenhaus in Dresden geboren. Meine Mutter hatte die Wochen und Monate zuvor schwer an mir geschleppt. Die Erstlingssachen, die mein Vater ins Krankenhaus mitbrachte, musste er gleich wieder mitnehmen: Bereits am ersten Tag meines Lebens brauchte ich Strampler für Säuglinge ab sechs Monaten. Mit anderen Worten: Mein Hier und Jetzt war nicht zu übersehen.

Als Kind einer Opernsängerin und eines Dirigenten bekam ich die Herrlichkeit der klassischen Musik in die Wiege gelegt. Ich bin mir sicher, dass meine Mutter noch bis kurz vor meiner Geburt gesungen hat. Anders ist nicht zu erklären, dass mir viele ihrer großen Partien schon als Kind so vertraut waren, dass ich unbedingt und mit großer Begeisterung diese Opern live hören wollte. Egal, wie lang sie waren.

Mit fünf oder sechs Jahren saß ich in Dresden im Großen Haus (das war die Spielstätte der Staatsoper Dresden, bevor die Semperoper wiederaufgebaut wurde) im ersten Rang, erste Reihe Mitte, und verfolgte hellauf begeistert die gesamten *Meistersinger* mit meiner Mutter als Eva und dem berühmten Theo Adam als Hans Sachs. Eine Garderobiere hatte mich zu meinem Platz geführt und in der Pause sowie nach der Vorstellung wieder abgeholt und hinter die Bühne zu meiner Mutter in die Garderobe gebracht. So ein grandioses Erlebnis haben wohl nicht viele Kinder.

Ich war unsagbar stolz, wenn die glühenden Verehrer meiner Mutter nach jeder großen Arie in Beifallsstürme ausbrachen und ganze Blumensträuße vom Rang auf die Bühne warfen. Nicht selten landeten diese allerdings im Orchestergraben, sodass es für die Musiker hieß, in Deckung zu gehen. Das war meine Mutter!

Vor meinem ersten Opernbesuch hatte sie mir aufs Dringlichste eingeschärft, ruhig zu bleiben: »Wenn du auch nur einmal Mama rufst, darfst du nie wieder mitkommen!« Weil ich so stolz auf sie war, wollte ich es natürlich jeden wissen lassen, dass es MEINE Mama war, die auf der Bühne so schön die Hauptrollen in den verschiedensten Opern sang. Ob *Tosca, Zauberflöte, Freischütz* oder *Holländer,* immer hatte sie die weibliche Hauptrolle. Und auf der Bühne sangen die Männer um die Wette oder brachten sich gegenseitig um, um sie zu erobern. Aber die Drohung meiner Mutter schien mir so ernst, dass ich mich immer an sie hielt.

Zum Glück gab es nach den Premieren stets eine Premierenfeier, zu der ich oft trotz vorgerückter Stunde mitdurfte. Dann war es jedem der Anwesenden klar, dass die Frau, der sie all diese vielen Komplimente machten, MEINE Mama war. Das bedeutete mir unglaublich viel – und etwas von ihrem Glanz fiel auch immer auf mich ab.

Für die Besuche in der Oper zog mich meine Mutter sehr schick an. Mit Anzug, Fliege und gutem Hemd. Nur einmal übertrieb sie es definitiv: Ich musste ein rosa Jackett anziehen. Jede Diskussion war sinnlos. Jahrzehnte später bestritt sie, mich in so etwas gesteckt zu haben, so wie sie bestritt, mir die Mundwinkel mit Spucke saubergewischt zu haben. Aber zumindest für das Jackett gibt es ein Beweisfoto in Farbe. Und ich muss feststellen, dass keiner auf diesem Foto aus heutiger Sicht vorteilhaft aussieht. Auch unsere West-Verwandtschaft nicht.

Ich begleitete meine Mutter, so oft es ging. Nach Dresden, Berlin, Chemnitz, auch mal nach Budapest und Prag. Nur bei ihren zahlreichen Tourneen nach Japan und Westeuropa durfte ich nie mit. Die DDR ließ nur die Leute in den Westen, die ihr entweder Prestige oder Devisen brachten. Die Kinder wurden in aller Regel als Pfand behalten. Je mehr meine Eltern ins westliche Ausland reisten, um dort zu gastieren, desto wütender wurde ich schon in jungen Jahren auf das Regime, das sich herausnahm, die Eltern über ihre Kinder zur Rückkehr zu zwingen.

Meine jüngere Schwester Susanne und ich bekamen zwar auf diese Weise die schönsten Geschenke aus dem Westen. Zum Beispiel brachte mir mein Vater von einer Westeuropa-Tournee die sehnlichst gewünschte Carrera-Autorennbahn mit. Was für eine Freude! Aber eigentlich war mein größter Wunsch, mitfahren zu dürfen. Es sollte bis 1989 dauern, bis ich meinen Vater zu einem Konzert nach Helsingborg, Schweden, begleiten durfte.

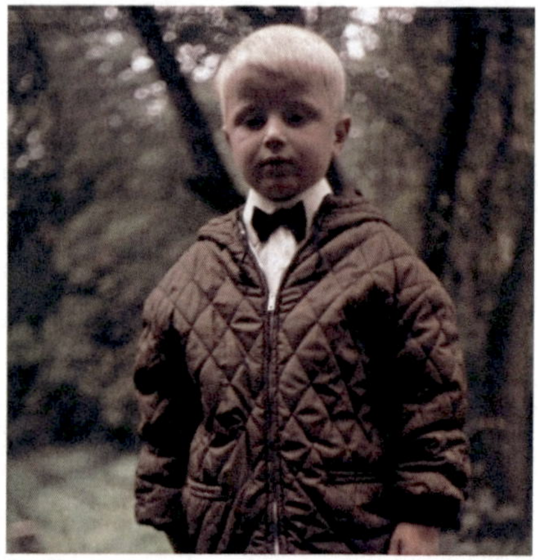

Selbstporträt mit Fliege, 1969

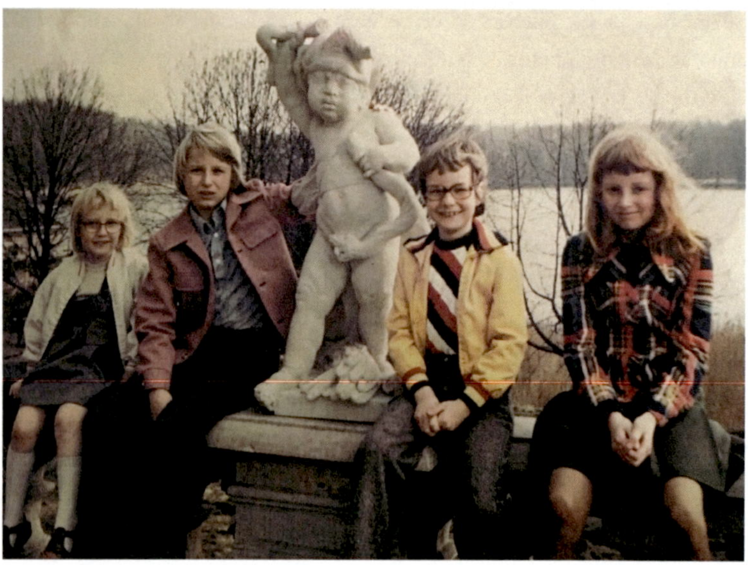

Familienausflug nach Moritzburg (v.l.n.r.): Meine (West-Cousine) Chrissi, ich, mein (West-Cousin) Andreas, meine Schwester Susanne.

ABENTEUER

In Dresden teilten wir eine Wohnung mit einer anderen Familie. Zwei Familien mit je zwei kleinen Kindern in einer Vier-Zimmer-Wohnung, mit einer Küche, einem Bad. Diese Zeit kenne ich nur aus Erzählungen. An unser Haus in Weimar dagegen erinnere ich mich gut. Wir zogen 1965 in die Stadt, als mein Vater dort Kapellmeister wurde, und bezogen ein Einfamilienhaus mit einem riesigen, verwilderten Garten. Susanne und ich fühlten uns in diesem alten Haus und im Garten immer wie Abenteurer. Außer uns lebte noch ein älteres, kinderloses Ehepaar im Haus. Die beiden bewohnten im Dachgeschoss zwei Zimmer. Wir hatten etwas Angst vor ihnen. Sie waren sehr gruselig, ständig mürrisch und schlecht gelaunt und wir waren ihnen immer zu laut.

Unvergessliche Momente für uns Kinder gab es am Theater in Weimar immer zu Weihnachten. Es wurde *Hänsel und Gretel* aufgeführt und zur Inszenierung gehörte ein echtes Pfefferkuchenhaus, gebacken von einem Weimarer Bäcker. Dieses Pfefferkuchenhaus durften die Kinder der Musiker nach der letzten Vorstellung zerlegen und aufessen. Ein unglaublicher Spaß. Doch obwohl es so gut schmeckte, schaffte ich nie mehr als eine Kachel des Hauses. Denn sie waren unglaublich groß.

Die Kinderjahre in Weimar waren eine tolle Zeit. Wir hatten viel Platz im Garten zum Cowboy-und-Indianer-Spielen. Und der Holz- und Kohlenhändler kam noch mit einem Pferdegespann. Während der Wagen abgeladen wurde, durften die beiden Kaltblüter bei uns im Garten grasen. Dass die Pferde nur herumstanden und fraßen, erzählte ich meinen Freunden nicht. Mit blühender Fantasie schmückte ich stattdessen aus, wie ich ohne Sattel auf einem riesigen Pferd geritten war. Der Held auf dem Pferd.

Unsere Abenteuerlust war so grenzenlos, dass wir unseren Eltern bald klarmachten, dass wir ab sofort im Garten im Zelt schlafen wollten. Wir waren sechs und sieben Jahre alt. Das Zelt wurde aufgebaut und meine Schwester und ich zogen abends ein. Völlig furchtlos. Als wir da so lagen in der Dunkelheit, alleine zu zweit im Zelt, hörten wir jedes Geräusch von draußen. Am Anfang war das spannend, aber je länger wir dort verweilten, desto unheimlicher wurde es. Wir machten kein Auge zu.

Nach zwei Stunden rannte meine Schwester ins Haus. Ich hielt zehn Minuten länger aus. Dann war dieses Abenteuer Geschichte. Ob uns unsere Eltern beobachteten? Sicher bin ich nur, dass sie wussten: Es wird nicht lange dauern, bis die Kinder wieder ins Haus kommen.

Wenn die Eltern Konzert- oder Opernauftritte hatten, waren wir abends oft alleine zu Hause. Wir hatten ein Kinderfräulein. Auf das »Fräulein« legte sie trotz ihrer bestimmt schon fast 60 Jahre großen Wert. Sie hörte schwer und hatte immer ein altmodisches Hörgerät um den Hals hängen. Wenn die Batterien leer waren, konnten wir im Kinderzimmer toben, ohne dass sie etwas hörte.

Gegen 20 Uhr ging sie meist, da sie annahm, dass wir schliefen. Für uns das Zeichen, zum Fernseher zu gehen und egal was zu gucken. Einer von uns beiden hatte dabei die Aufgabe, die Straße im Blick zu haben, um zu sehen, wann die Eltern kamen. Die Straße war sehr gut einzusehen – wenn wir unsere Eltern kommen sahen, hatten wir noch zwei Minuten Zeit, bis sie das Haus betraten. Das reichte völlig, um im Bett zu verschwinden und sich schlafend zu stellen.

Allerdings kühlte der Röhrenfernseher in dieser Zeit nicht ab. Mein Vater legte immer als Erstes seine Hand an den Fernseher und es kam, wie es kommen musste: Es gab großen Ärger. Das hielt uns aber nicht davon ab, es bei der nächsten Gelegenheit wieder genauso zu machen. Ich überlegte sogar, den Fernseher mit kaltem Wasser zu kühlen. Zum Glück machte ich es nie.

Mit meiner Schwester Susanne, 1968,
vor unserem Haus in Weimar

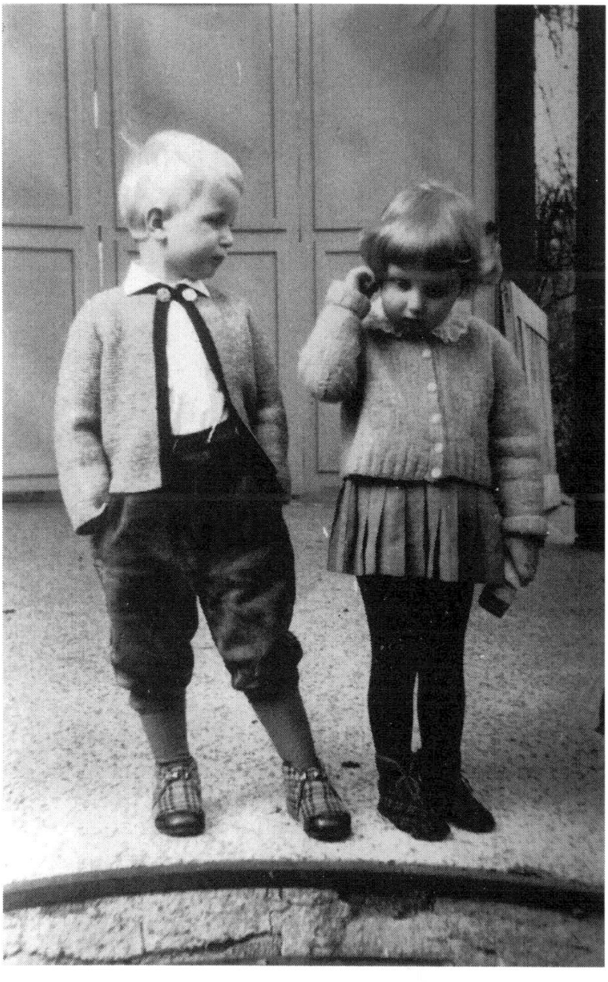

DAS DRAMA MIT DEM KLAVIER

Eine andere Sache, bei der regelmäßig Ärger mit meinem Vater vorprogrammiert war, war mein Klavierspiel. Mein Vater war ein erstklassiger Pianist, meine Mutter spielte ebenfalls ganz gut. Ich konnte es nicht ertragen, dass meine anderthalb Jahre jüngere Schwester Susanne, die am selben Tag wie ich begonnen hatte, Klavier zu spielen, schon nach kurzer Zeit 20 Seiten vor mir im Etüdenheft war. Das hätte mich dazu anspornen können, mehr zu üben. Ich beschloss aber, zu behaupten, das Klavierspiel sei mit meinen für einen Mann bis heute kleinen Händen nicht möglich. Natürlich völliger Quatsch, die Hände meines Vaters waren auch nicht viel größer.

Ich stellte mich absichtlich ungeschickt an, weil ich die Hoffnung hatte, mein Vater werde ein Einsehen haben und mich vom Klavierunterricht befreien. Es sollte jedoch noch mehr als fünf Jahre dauern, bis ich mir ein anderes Instrument aussuchen durfte.

Als ich wieder einmal völlig frustriert mit meinem Vater geübt hatte, ging ich eines Tages an seinen Notenschrank und nahm das dickste Buch heraus, in der Annahme, es sei nicht nur vom Gewicht her das schwerste. Dann warf ich es sehr heftig auf den Flügel und rief »Das kannst sogar du nicht spielen!«. Meine Erinnerung hält sich an der dicken Partitur des *Tristan* von Richard Wagner fest. Mein Vater schlug die Partitur auf und spielte, wirklich berührend, das *Tristan*-Vorspiel vom Blatt. Ich war so verblüfft und zugleich wütend, dass ich entschied, nicht mehr zum Klavierunterricht zu gehen. Dorthin musste ich einmal in der Woche mit zehn Mark Honorar in der Tasche traben. Da jede Diskussion über dieses Thema sinnlos war, plante ich, mich einfach für anderthalb Stunden im Garten zu verstecken, und dachte, das würde schon keiner merken.

Meine Eltern hatten ein Telefon, was zu dieser Zeit wirklich sehr selten war. Nach genau zwei Wochen klingelte es und die Klavierlehrerin erkundigte sich von einem öffentlichen Fernsprecher aus nach dem Grund meines unentschuldigten Fehlens. Wie man sich vorstellen kann, fielen meine Eltern aus allen Wolken. Wie konnte ich nur glauben, dass das unbemerkt gut hätte gehen können? Ich weiß es nicht mehr. Der Wunsch, nicht Klavier spielen zu müssen, war wohl so übermächtig, dass mein kleiner Kinderverstand völlig aussetzte. Jedenfalls gab es riesigen Ärger zu Hause. Ich wurde mit dem Geld für die ausgefallenen Klavierstunden, das ich glücklicherweise nicht ausgegeben hatte, sowie der dringenden Aufforderung, mich bei der Lehrerin zu entschuldigen, zu ihr geschickt. Dort angekommen, gab ich ihr das Geld und brachte nur einen einzigen Satz hervor: »Ich soll mich bei Ihnen entschuldigen, aber mir würde es reichen, wenn ich einmal im Jahr zum Klavierunterricht komme.« Ich war noch nicht wieder zu Hause, da hatte sie meine Eltern schon wieder angerufen. Der Fernsprecher stand vor ihrer Haustür.

Kurz und gut, es war wie bei Hase und Igel, ich kam nicht heraus aus diesem Kreislauf. Ich musste wieder Klavier üben und wieder zum Unterricht gehen. Heute ist es so, dass ich gerne Klavier spielen können würde.

Erst einige Jahre später, als wir nach Ostberlin gezogen waren, durfte ich mir endlich selbst aussuchen, welches Instrument ich spielen wollte. Aber dazu später mehr.

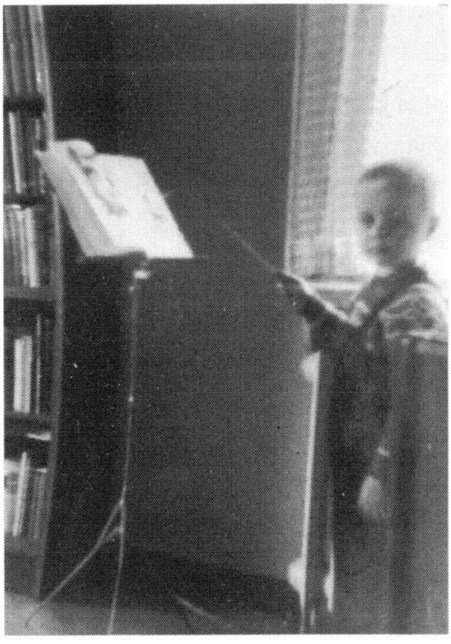

Am liebsten dirigierte ich die Radio Philharmonie.

VON WEIMAR NACH BERLIN

Die Jahre der Kindheit in Weimar vergingen. Ich wurde 1969 in die J. W. Goethe Oberschule eingeschult und fand neue Freunde. Einer von ihnen war Thomas, der unweit unseres Hauses in einer Wohnung wohnte. Wir waren unzertrennlich und Mutproben stachelten uns an. Ich wurde nach solchen Mutproben fünfmal im Sophien-Krankenhaus in Weimar zusammengenäht. Der Chirurg fiel aus allen Wolken, wenn ich nach ein paar Monaten schon wieder sein Patient war.

Wir wurden am 1. September eingeschult. Um meinen neuen Freund gleich richtig zu beeindrucken, schlug ich vor, von unserer Veranda aus in das prallvolle metallene Regenfass zu springen. Der Höhenunterschied war etwa anderthalb Meter, sodass ich mir keine Sorgen machte. Da es »unser« Regenfass war und ich natürlich meinen Mut zur Schau stellen wollte, sprang ich zuerst. Ich landete genau in der Mitte des Fasses, aber leider mit ausgebreiteten Armen – mein rechter Unterarm schlug am Rand des Fasses auf und brach. Erst spürte ich den Schmerz nicht, aber als ich aus dem Fass klettern wollte, schrie ich entsetzlich auf. Das Fass musste umgekippt werden, das kostbare Regenwasser versickerte im Boden. Meine Mutter war außer sich über so viel Blödsinn. Thomas schlich leise davon, damit sie ihn nicht auch mit passenden Worten bedachte.

Ich bekam einen Gips am rechten Arm und schon am nächsten Tag überwogen für mich die Vorteile dieses Missgeschickes die Nachteile. Ich war ein Held! Denn schließlich war ich ja gesprungen. Etliche Mitschüler schrieben oder malten ihren Namen auf den Gips. Und ich brauchte die langwierigen Schreibübungen nicht mitzumachen. Zur Schule musste ich leider trotzdem.

Das war der Anfang einer aus der Sicht meiner Mutter nicht enden wollenden Serie von Verletzungen, die ich aus solchen Mutproben davontrug. Eine weitere, sehr spektakuläre Geschichte passierte mit meinem ersten Fahrrad. Ich bekam es nach Ende der dritten Klasse zu Beginn der Sommerferien. Es war das 28er-Diamantsportrad meines Vaters. Kinderräder gab es damals nicht. Da meine Füße, wenn ich im Sattel saß, nicht bis zu den Pedalen reichten, nahm mein Vater den normalen Sattel ab und schraubte den Kindersattel, auf dem ich früher vorne gesessen war, direkt auf die Stange. Auf- und absteigen konnte ich nur an unserem Zaun, von dessen Fundament ich mich auf das Rad schwang. Das bedeutete, es war unmöglich, so einfach anzuhalten und abzusteigen.

Dieses Diamantsportrad hatte die damals absolut neue Felgenbremse. Logischerweise wollten Thomas und ich sofort herausfinden, wer damit den kürzeren Bremsweg hatte. Wieder fing ich an. Es war schließlich mein Fahrrad. Aufsteigen am Zaun, in die Pedale treten und los. Vollbremsung bei dem Strich, den wir vorher in unseren Schotterweg gezogen hatten! Mein Fahrrad stand sofort. Doch die Antriebsenergie war so groß, dass ich über den Lenker flog. Ich zog mir etliche Schürfwunden zu und mein Knie war offen. Wirklich offen: Ich konnte ein großes Loch sehen und meine Kniescheibe bewundern. In der Wunde steckten noch Dutzende der kleinen Steine des Schotterfußweges.

Ich jammerte. Leise, aus Angst, von Mutter geschimpft zu werden, und gerade so laut, dass sie mich dennoch hörte. Denn es tat so weh, dass mir klar war, hier brauchte ich Hilfe. Meine Mutter packte in diesem Moment unsere Koffer, wir wollten am nächsten Tag zum Familienwanderurlaub in den Harz aufbrechen. Als sie mich hörte, dachte sie zuerst, dass wir wieder Cowboy und Indianer spielten. Doch als mein Jammern kein Ende nahm, kam sie heraus und sah die Bescherung.

Wieder einmal hieß es: ab ins Sophien-Krankenhaus und nähen. Der Chirurg hatte lange allein damit zu tun, die ganzen Steine aus meinem Knie zu pulen. Dann bekam ich einen großen, schweren Verband und der Arzt sagte meiner Mutter, dass ich nicht laufen dürfte. Sofort stellte sich bei mir allergrößte Freude ein und trotz meiner Schmerzen lachte ich innerlich. Ich wanderte nicht gern und nun durfte ich den ganzen Urlaub über im Hotel bleiben. Wunderbar! Ich tat alles dafür, dass meine Eltern nicht auf den Gedanken kamen, mir könnte es besser gehen. So wanderten sie mit meiner Schwester den Harz auf und ab und ich erholte mich im Hotel prächtig, trank Brause und las Karl May.

Meine schulischen Leistungen waren in den ersten Jahren sehr gut. Ich hatte fast nur Einser im Zeugnis und gewann mehrere Rezitatorenwettbewerbe. Etwas vom Theatertalent meiner Eltern war anscheinend auf mich übergegangen.

Während unserer Zeit in Weimar war mein Vater erster Kapellmeister am dortigen Nationaltheater. Wir besuchten sehr häufig die Opern und Konzerte, die er dirigierte, und fast genauso oft hatten unsere Eltern Besuch von Freunden und anderen Künstlern. Diese Partys gingen nicht selten sehr lang.

Damals war Bowle ein angesagtes Partygetränk. Eines Morgens waren meine Schwester und ich deutlich vor meinen Eltern wach. Wir begannen, die Reste der Party vom Vorabend zu inspizieren, und stießen dabei auf ein großes Tongefäß, das auf dem Boden stand. In einer merkwürdig riechenden Flüssigkeit schwammen Pfirsichhälften. Die aßen meine Schwester und ich vollständig auf. Lecker! Kurz danach torkelten wir zu unseren Eltern ins Schlafzimmer, brabbelten etwas wie »Die Gurken aus dem Gurkenfass haben so gut geschmeckt!« und schliefen noch im Stehen ein. Vor dem Nachmittag wachten wir nicht mehr auf. Meine Eltern wunderten sich, begriffen aber schnell, was geschehen war, und hofften inständig, dass wir keinen Schaden davontragen würden.

Heute kann ich sagen, dass dieses Gelage keinen dauerhaften Schaden angerichtet hat. Mir schmeckt Wein bis heute sehr gut. Nur Bowle ist nicht mein Favorit geworden.

Die Jahre in Weimar vergingen. In allen großen Sommerferien fuhren wir Kinder für mindestens zwei Wochen nach Riesa zu meinen Großeltern. Oft waren acht Enkel zur gleichen Zeit da. Meine Großmutter war in dieser Hinsicht die perfekte Herbergsmutter. Sie hat es (meistens) geschafft, uns alle nicht nur im Zaum, sondern auch bei bester Laune zu halten. Ich war der einzige Junge und der älteste Enkel. Als Hahn im Korb fühlte ich mich großartig. Meine Lieblingscousine Conny heiratete ich mehrmals bei diesen Besuchen. Sie bekam ein Stück Gardine als Schleier und ich einen Schlips von Opa. Meine Schwester und die anderen Cousinen waren unser Hochzeitsgefolge.

Es wurde uns nie langweilig bei den Großeltern. Alles war sehr einfach, aber immer ließ sich Großmutti etwas einfallen. Und ihr Essen war wunderbar. Jeden Sonntag gab es Sauerbraten, selbstverständlich mit selbst gemachten Klößen. Großmutti war in dieser Hinsicht eine echte Künstlerin. Hin und wieder gab es große Familienfeiern, bei denen alle vier Kinder samt Ehepartnern und alle acht Enkel da waren. Im Wohnzimmer stand ein riesiger Tisch, an dem wir alle Platz hatten. Zu solchen Gelegenheiten wurde das Meissener Porzellan herausgeholt. Großmutti kochte und buk nicht nur alleine für alle, sondern wusch auch höchstpersönlich das Meissener ab. Als sie mit 99 Jahren und 8 Monaten starb, war von dem 24-teiligen Service nicht ein Stück kaputt. Wir haben sie sehr geliebt und manchmal vermissen wir sie immer noch.

1974 wurde mein Vater stellvertretender Chefdirigent beim Berliner Sinfonie-Orchester (BSO). So zogen wir in diesem Jahr nach Ostberlin. Aus einem Haus mit Garten in eine winzige Neubauwohnung in Berlin Prenzlauer Berg mit zwei und zwei halben Zimmern. Unser altes Kinderfräulein aus Weimar kam, wenn meine Eltern beide auf Tournee waren, noch eine Zeit lang nach Berlin, um auf uns aufzupassen.

Meine neue Schule war eine Problemschule, wie man heute sagen würde. Ohne Respekt den Lehrern gegenüber machten die meisten Schüler einfach, was sie wollten. Mit meinem thüringisch-sächsischen Dialekt war ich ein perfektes Opfer. Ich bemühte mich also, ihn so schnell wie möglich durch einen derben Berliner Dialekt zu ersetzen und mich den Gepflogenheiten, die Schule zu schwänzen und kein Interesse am Unterricht zu haben, so gut es ging anzupassen.

Meine Schwester ging von Anfang an auf eine andere, weitaus bessere Schule. Es wurde staatlich festgelegt, wer auf welche Schule kam. Anfangs hatten wir keine Ahnung, welche Schule welches Niveau hatte. So hatten meine Eltern vorerst nicht interveniert. Doch dass meine schulischen Leistungen einen Sturzflug ohnegleichen begannen, blieb ihnen natürlich nicht verborgen. Es musste dringend Abhilfe geschaffen werden.

Ludwig Frank mit seinem Vater 1980
beim Hauskonzert

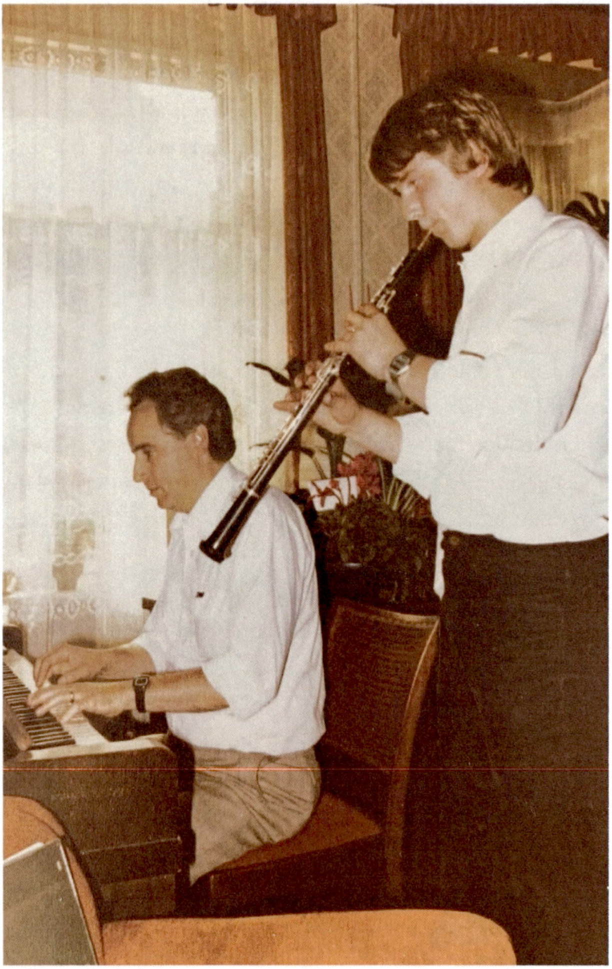

ICH WILL DER BESTE SEIN – WIE ICH ZUR OBOE KAM

Am 1. September 1976, zu Beginn der 7. Klasse, sagte mein Vater, er bringe mich mit dem Auto zur Schule. Ich stieg sehr verwundert ein, meine Schule war doch keine 200 Meter entfernt. Mein Vater fuhr aber in eine ganz andere Richtung. Nach einer halben Stunde hielt er am Frankfurter Tor und wir gingen in eine Schule namens Georg Friedrich Händel. Ich war so erstaunt und verdutzt, dass ich kein Wort hervorbrachte. Mein Vater hatte mich an einer anderen Schule angemeldet, nicht nur ohne mich zu fragen, sondern auch ohne mit mir darüber zu reden. Diese Schule war eine Musikspezialschule mit zwei Ausrichtungen. Es gab die V-Klassen, aus denen der Rundfunkkinderchor kam, und die I-Klassen, deren Schüler im schuleigenen Orchester spielten.

Mein Vater übergab mich dem Direktor, der das Äußere und den Habitus eines SS-Obersturmbannführers hatte. Er brachte mich in die Klasse 7i, wo ich mich inmitten völlig fremder Kinder und Lehrer wiederfand. Was für ein Schock! Es sollte sich später herausstellen, dass dies, auch wenn es auf sehr ungewöhnliche Art und Weise geschah, das Beste war, was mein Vater für mich tun konnte.

Dass ich auf ein Musikgymnasium gehen konnte, lag daran, dass ich seit unserem Umzug nach Berlin nicht mehr Klavier spielen musste. Am Klavier war ich innerhalb der Familie und wahrscheinlich auch sonst immer der Schlechteste. Ich wollte aber der Beste sein. Und endlich hatten meine Eltern meinem Drängen nachgegeben, ein anderes Instrument zu spielen. Trompete sollte es sein. Wir wohnten seit einem Jahr in einer großen Neubauwohnung in der Greifswalder Straße. Eine Wohnung mit sechs Zimmern und fast 180 Quadratmetern im 13. Stock. Mein Wunsch wurde abgelehnt, denn meine Eltern befürchteten, dass es die anderen Mieter zu sehr belästigen würde, wenn zum Gesang meiner Mutter (Sopran) und dem Klavierspiel meines Vaters und meiner Schwester auch noch mein Trompetenspiel käme. Es musste ein leiseres Instrument sein. Ein Holzblasinstrument.

Mein Vater machte mit mir Termine bei den Solo-Holzbläsern des Rundfunksinfonieorchesters. Als Erstes testeten wir Flöte. Nicht schlecht, dachte ich. Da mein Vater beim Probieren auch ein paar Töne hervorbrachte, lehnte ich erst einmal ab. Ich wollte unbedingt einen größeren Vorsprung beim Beherrschen eines Instruments haben. Aus demselben Grund lehnte ich die Klarinette ab. Dann kamen wir zu Professor Hans-Werner Wätzig, Oboe. Nur ich brachte nach ein paar kurzen Versuchen ein paar Töne aus diesem wirklich schwer zu spielenden Instrument heraus. Mein Vater nicht. Damit war die Entscheidung gefallen: Ich wollte Oboe spielen.

Und ich war, zumindest in der Familie, von der ersten Minute an der Beste. Das motivierte mich außerordentlich und machte mich auch sehr stolz. Professor Wätzig war allerdings kein Lehrer für Anfänger. Er unterrichtete an der Hochschule in Berlin und war Solo-Oboist im Radiosinfonieorchester Berlin.

Meine anfängliche Euphorie schlug sehr schnell in Verzweiflung um, da ich seine Ansprüche mit meinem Können einfach nicht erfüllen konnte. Kaum verließ ich unsere Wohnung, um zum Unterricht zu gehen, fing ich an zu zittern und alles, was ich die Woche über geübt hatte, war weg. Die pure Angst! So gab es alsbald einen Lehrerwechsel zu Eckard Glocke. Er war Oboist an der Komischen Oper und verstand es wirklich gut, aus meinem leidlichen Talent das Beste herauszuholen und mich zu motivieren. So war es gekommen, dass ich mit der Oboe an die Händelschule kam. Mit meinem Klavierspiel wäre eine Aufnahme in die I-Klasse kaum möglich gewesen.

Am ersten Tag in dieser neuen Schule wurde ich natürlich von jedem Lehrer einmal aufgerufen, um mein Wissen zum Besten zu geben. Obwohl ich in der letzten Reihe meinen Platz bekam, neben Holger, der alsbald einer meiner besten Freunde wurde, übersah mich kein Lehrer. Ich war völlig verschüchtert und immer noch so überrumpelt von diesem unangekündigten Schulwechsel, dass ich kaum ein Wort hervorbrachte. Der

Höhepunkt war, als mich der Mathematiklehrer nach vorne rief und ich an einem überdimensionalen Rechenschieber eine Aufgabe vorrechnen sollte. Vor der gesamten Klasse! Nach einer gefühlten Ewigkeit, in der ich kein Wort hervorbrachte, verstieg ich mich zu dem Satz »Wir haben an meiner alten Schule einen anderen Rechenschieber benutzt«. Völliger Unsinn, da es nur ein Modell gab. Dennoch durfte ich mich daraufhin wieder setzen.

So oder so ähnlich lief es an diesem ersten Tag in allen Fächern ab. Der erste Eindruck, den ich bei Lehrern und Mitschülern hinterließ, war sehr blamabel. Relativ schnell aber stellte sich heraus, dass auch an dieser Schule nicht nur Überflieger waren, und ich hatte bald beste Freunde, Matthias und eben Holger. Unsere Auffassung über das Aufwand-Nutzen-Verhältnis beim Lernen war von großer Übereinstimmung geprägt. Durch unsere Dreierfreundschaft und die vielen hübschen Mädchen in den Chorklassen hatten wir trotz des vielen sozialistischen Drills eine schöne Zeit. Auch die Orchesterlager in Adorf und Schwarzenberg im Erzgebirge waren willkommene Abwechslungen.

Der Dirigent des Schulorchesters war dem Alkohol und einer Sorte Zigarren namens Sprachlos sehr zugetan. Meist war er schon gegen Mittag nicht mehr richtig aufnahmefähig, sodass wir viel Freiheit hatten. Diese verbrachten wir mit pubertären Versuchen, uns dem anderen Geschlecht zu nähern und im Konsum trotz unserer jungen Jahre Bier zu ergattern. Bier schmeckte mir zu dieser Zeit überhaupt nicht, weshalb ich es mit Weißwein versuchte. Der Wein, der zu DDR-Zeiten angeboten wurde, verdiente diese Bezeichnung eigentlich nicht, war mir aber lieber als Bier. Am leckersten fanden wir damals alle Berentzen Apfelkorn.

Den gab es allerdings nicht im Konsum, sondern nur im Intershop. Zum Glück arbeiteten Matthias' Vater und meine Eltern viel im westlichen Ausland, sodass wir beide immer ein paar D-Mark in der Tasche hatten. Wir gaben sie außer für Levi's Jeans auch für besagten Apfelkorn und einen Moselweißwein namens »Kröver Nacktarsch« aus. Der kostete damals 2,50 D-Mark. Zum Vergleich: Eine Flasche »Lindenblättriger« aus der DDR kostete 14 Ostmark und schmeckte nicht halb so gut wie der »Nacktarsch«.

Mit solcherlei leckeren Getränken ließ sich natürlich auch sehr gut eine Party organisieren. Matthias und Holger waren Magneten für die hübschen Mädchen. Ich hingegen war zu dieser Zeit noch sehr schüchtern und nur in ein einziges Mädchen unsterblich verliebt. Sie hieß Cordula und war in der Chorklasse einen Jahrgang unter uns. Monatelang traute ich mich nicht. Später ließ ich ihr unzählige Zettelchen zukommen. WhatsApp oder Mobiltelefone gab es ja nicht, selbst ein Festnetzanschluss war selten. Irgendwann fing Cordula an zu antworten und mir wurden sehr geistreiche, liebevolle Zettelchen von ihr überbracht. Noch immer kein direkter Kontakt. Eines Tages drückte sie mir in der großen Hofpause ein Zettelchen direkt in die Hand. Mein Herz raste und meine Hände zitterten so, dass ich es kaum auseinanderfalten konnte. Ich las den Vorschlag, zusammen ins Kino zu gehen. Wohlgemerkt von ihr! Das war der Beginn einer furchtbar aufregenden Zeit.

Wir gingen zusammen ins Theater, Kino, Konzert oder in die Oper. Ich war jedes Mal ganz außer mir, schon ein kleiner Kuss oder auch ein Händchenhalten waren überirdisch für mich. Sie verstand es perfekt, mit ihren Reizen umzugehen. Nicht nur alle Jungs unserer Schule, sondern auch viele Männer waren ihrem Charme erlegen. Deshalb hatte ich sie zwar nie ganz alleine für mich, aber das ließ sie mich nie spüren. Und so genau wollte ich es auch nicht wissen.

Cordula wollte Opernsängerin werden und ist es auch geworden. Die große Ähnlichkeit zu meiner Mutter war nicht zu übersehen, sie gingen gleich mit Menschen, besonders mit Männern um. Es war ein bisschen wie in der Oper, wo sich auch immer sehr viele Helden um die eine streiten, meistens Sopran. Nur dass nicht so viele Tote wie in der Oper zu beklagen waren.

Meine Freunde Holger und Matthias wie auch ich schafften es, uns an dieser sehr strengen, fast militärisch geprägten Schule so durchzulavieren, dass wir zwar nicht als Klassenbeste, aber doch mit einer sehr ordentlichen, umfassenden Allgemeinbildung ins Leben aufbrachen. Die Händelschule ist ein Gymnasium. Wir drei beschlossen allerdings, schon nach der 10. Klasse zu gehen. Der damals sehr militärische Erziehungsstil der Schule gefiel uns nicht sonderlich. Zu ihm gehörte die vormilitärische Ausbildung der Gesellschaft für Sport und Technik (GST) mit Fahnenappell inklusive Schießen mit dem Kleinkalibergewehr und in den Pausen auf dem Hof im Kreis marschieren. Alles, was wir vorhatten im Leben, ging auch ohne Abitur. Aus uns allen ist etwas geworden.

ZWEITER OBOIST IN HINTERTUPFINGEN? NEIN!

So verging die Schulzeit und ich bildete mir immer noch ein, nach dem Ende der 10. Klasse Musik, also Oboe, zu studieren. Doch nicht nur meine schulischen Leistungen, sondern auch die auf der Oboe waren eher als mittelmäßig zu bezeichnen. Eines Tages, es war die Hälfte der 10. Klasse vorbei, wartete mein Vater mit folgendem Satz auf: »Ludwig, wenn du Oboe studierst, landest du anschließend in Bad Elster als zweiter Oboist und wirst für ganz wenig Geld sehr viel Dienst machen.«

Dieser Satz sollte mein ganzes Leben prägen. Nach dem erzwungenen Schulwechsel griff mein Vater damit zum zweiten Mal jäh in mein Leben ein. Nicht, dass er mir das Musikstudium verboten hätte, aber er hatte wieder einmal recht. Recht mit der Einschätzung meines Talentes sowie der Konkurrenz, wenn es dann um eine Orchesterstelle gegangen wäre. Bis zu diesem Zeitpunkt war ich mit meiner Mittelmäßigkeit ganz zufrieden gewesen. Doch nun war ich wachgeschüttelt. Von dieser Sekunde an wusste ich: Ich will etwas erreichen und mich nicht mehr mit Mittelmaß zufriedengeben.

Da mein Oboespiel nicht ganz so schlecht war und ich schon viele Jahre des Übens investiert hatte, kam meinem Vater und mir der Gedanke, dass vielleicht Instrumentenbau etwas für mich sein könnte. Nun war es nicht so, dass in unserer Familie auch nur die geringste handwerkliche Fähigkeit zu beobachten gewesen wäre, aber vielleicht erschien es mir gerade deshalb reizvoll. Etwas ganz anderes.

So fuhr ich mit meinem Vater nach Markneukirchen, wo wir uns den Instrumentenbau anschauen wollten. Wir waren bei der Firma Gebr. Mönnig angemeldet. Natürlich war Gebr. Mönnig längst sozialistischer Einheitsbrei, erst enteignet und dann einem VEB-Kombinat zugeführt worden als »Betriebsteil IV/2 im VEB Blechblas- und Signalinstrumente

Betrieb im Möbelkombinat Leipzig«, obwohl bei Mönnig Holzblasinstrumente hergestellt wurden seit 1875. Wir betraten das alte, heruntergekommene und nie modernisierte Stammhaus von Mönnig. Vom Plumpsklo bis zur Kohleschwerkraftheizung war alles noch wie vor dem Krieg.

Klaus Mönnig, der berühmteste Oboen- und Fagottbaumeister des Landes, empfing uns persönlich. Seine Skepsis angesichts eines verwöhnten Musikersöhnchens, noch dazu eines »Preißen«, wie hier alle Berliner genannt wurden, war nicht zu übersehen. Er war aber sehr freundlich, wahrscheinlich weil er sich sicher war, dass es nicht dazu kommen würde, dass ich bei ihm anfing. Da hatte er sich allerdings gründlich getäuscht. Am Ende kamen fünf »Preißen« zur gleichen Zeit (nicht alle zu Mönnig, aber alle zum VEB Blechblas) und ich würde zehn Jahre bleiben.

Er zeigte uns seinen Arbeitsplatz in einem kleinen Kabinett. Dort saßen vier Leute, es war alles unglaublich ordentlich und eine ganz besondere Atmosphäre herrschte. Klaus Mönnig zeigte mir ein paar Handgriffe seiner Arbeit. Nahm eine Oboe, spielte rein, stimmte und schraubte etwas nach, blies wieder rein und war zufrieden. Eine tolle Arbeit, dachte ich und war begeistert. Jetzt war ich mir sicher, was ich wollte: Ich wollte der beste Oboenbauer der Welt werden! Später zeigte uns Herr Mönnig noch die anderen Teile der kleinen Firma. Das nahm ich aber nur noch am Rande wahr, so beeindruckt war ich von seiner Arbeit in seinem Kabinett.

Dass ich nicht in diesem Kabinett arbeiten würde, war für ihn so selbstverständlich, dass er es nicht erwähnte. Denn natürlich musste ich alles von Grund auf lernen und das nicht in einem schönen Kabinett und in den ersten zwei Jahren auch nicht bei ihm.

Zum Glück erfuhr ich das erst an meinem ersten Ausbildungstag.

VOM INTERNAT …

Die Entscheidung war also gefallen. Mit sechzehn Jahren wusste ich, ich will nichts weniger als die besten Oboen und vielleicht auch Fagotte bauen. Und zwar selbstentwickelte! Ab da tat ich alles dafür. Da man aber im Vogtland überhaupt nicht scharf auf auswärtige Lehrlinge war, bedurfte es der Beziehungen meines Vaters ins Kulturministerium, um diese Lehrstelle zu bekommen. Er argumentierte, dass Ostberlin unbedingt Reparateure brauche.

Mein Vater war zu dieser Zeit stellvertretender Chefdirigent beim Berliner Sinfonie-Orchester, dem heutigen Konzerthausorchester. So war er als eine Art staatlicher Leiter und ohne je in der Partei gewesen zu sein mit reichlich Beziehungen ausgestattet. Er hatte das niemals zu seinem persönlichen Vorteil ausgenutzt und damit es auch diesmal nicht persönlich wurde, setzte er sich gleichfalls für den Sohn meines Oboenlehrers, zwei Klassenkameraden von mir und ein Mädchen, das ich nicht kannte, ein. So kamen wir fünf Preußen zu unserer Lehrstelle. Eine nie da gewesene Invasion für Markneukirchen. Dies sollte noch für etliche kleinere und größere Scharmützel sorgen.

Da weder ich noch die anderen eine private Unterkunft oder gar Wohnung gefunden hatten, mussten wir erst einmal in ein Internat. Das Lehrjahr begann immer am 1. September. So setzten mich meine Eltern am 31. August 1979 am Ostbahnhof in Berlin in den Zug. Nach drei Umstiegen spuckte mich die Deutsche Reichsbahn sechs Stunden später in Zwota aus, 340 Kilometer von Berlin entfernt. In diesem Ort war das Internat. Markneukirchen selbst hatte so etwas nicht.

Dieses Internat war ein einziger Ort des Grauens. Es wurde geführt von drei ehemaligen Militärs, die vermutlich wegen Alkoholsucht aus der

NVA ausgesondert worden waren. Der »Herr Major« stiefelte den ganzen Tag in einem braunen, militärähnlichen Kampfanzug herum, sein Kompagnon trug tagein, tagaus eine braune Uniform der Gesellschaft für Sport und Technik GST und der dritte Internatsleiter steckte in selbst gestrickten Wollpullovern. Dieses Trio war nicht nur für unsere Erziehung verantwortlich, sondern auch für unsere politische Gehirnwäsche und für die vormilitärische Ausbildung.

Ich muss das Kapitel Internat etwas beleuchten, weil man sich so etwas heute, wie auch ich schon damals, nicht vorstellen kann. Als Sohn eines Künstlerpaares, mit Levi's-Jeans und Zugang zum »Nacktarsch« aus dem Intershop, kam ich dort an und lernte bald das Fürchten. Die Begrüßung und das Verlesen der Hausordnung in zackigem Militärton waren noch das Harmloseste. Anschließend wurde mir ein Bett zugeteilt. Wir waren zu viert in einem zwölf Quadratmeter großen Zimmer mit zwei Doppelstockbetten. Im September kann es im Vogtland kalt sein und am Abend bemerkten wir, dass es keinerlei Heizung oder Ofen im Zimmer gab. Den Ofen, so erfuhren wir später, hatte man vor Jahren entfernt, um vier Personen im Zimmer unterbringen zu können. Als wir unser Problem voller Entsetzen vortrugen, wurden wir mit den Worten »In einer Ecke des Zimmers verläuft der Schornstein. Ihr werdet schon nicht frieren« abgespeist. Außerdem werde man durch sportlich-militärische Ertüchtigung schon dafür sorgen, dass uns warm würde.

Meine Eltern kauften am nächsten Wochenende im Intershop, denn nur dort gab es so etwas, einen Ölradiator und brachten ihn mir. Kaum schalteten wir das Ding ein, flog die Sicherung heraus und mir wurde die Benutzung einer westlichen Wärmequelle verboten.

Jeden Morgen war um 5.30 Uhr Wecken mit der Trillerpfeife. Auch wenn wir erst um 8.30 Uhr Berufsschule hatten, mussten wir früh aufstehen, um Frühstück zu bekommen. Für das Frühstück war der Wollpullover-Mann zuständig. Um 6.15 Uhr war Ende mit Frühstück. Er schüttete die Milch weg und verfrachtete die schon deutlich überalterte Wurst in den Kühlschrank, um sie uns am nächsten Morgen um 5.30 Uhr wieder hinzustellen.

Wie oft er ein und dieselbe Wurst hinstellte, abräumte und wieder hinstellte, weiß ich nicht. So etwas wie Frischhalte- oder Alufolie gab es nicht und die Wurst sah aus, als würde er das mindestens einen Monat lang so machen. Es war kalt und das Essen ein Grauen. Das war aber längst nicht alles. Für die GST betrieb er im Hause unten eine Amateurfunkstation. Die Morsezeichen waren so laut, dass man sie aus der Steckdose und jedem elektrischen Gerät hören konnte. Wenn er mitten in der Nacht mit Kuba funkte, saßen wir aufrecht im Bett.

Einer der drei Internatsleiter hielt einmal wöchentlich eine Politinformation ab, die einer Propagandaveranstaltung glich. Teilnahme war Pflicht. Wer nicht da war, bekam einen Verweis, der umgehend an die Berufsschule gemeldet wurde. Nach drei Verweisen wurde man nicht nur aus dem Internat, sondern auch gleich aus der Lehre entfernt. Wie lange das bei mir dauern würde, war mir sehr schnell klar. Nach vier Wochen hatte ich schon zwei Verweise. Ich musste da schnellstens raus. Aber wie eine Wohnung oder wenigstens ein Zimmer finden?

Beim Wohnungsamt wurde mir beschieden, dass ich als Junggeselle, noch dazu mit einem Internatsplatz versorgt, keinen Anspruch hätte, einen Antrag zu stellen. Darauf ging ich zur »Freien Presse«, der einzigen lokalen Tageszeitung. Dort sagte man mir, im Sozialismus gebe es keine Wohnungssuchenden wie im Westen, demzufolge könne man so eine Anzeige nicht entgegennehmen. Da ich beschlossen hatte, meine Lehre und meinen ehrgeizigen Berufswunsch nicht zu gefährden, machte ich mich eines Tages nach der Arbeit in Markneukirchen noch einmal auf zum Wohnungsamt. Natürlich die gleiche Antwort wie beim letzten Mal. Nur verpasste ich dadurch eine Politinformation im Internat und bekam den dritten Verweis.

Dummerweise hatte der »Major« dabei einen Fehler gemacht: Er hatte in den Verweis geschrieben, dass ich wegen Wohnungssuche eine seiner wertvollen Veranstaltungen versäumt hatte. Unsere hübsche Staatsbürgerkundelehrerin (ja, dieses Fach gab es wirklich) war gleichzeitig Laienrichterin bei Gericht. Sie konfrontierte mich mit dem dritten Verweis und der nun fälligen Exmatrikulierung aus der Lehre, gab mir aber zu verstehen, dass ich eine Chance habe, dem Verweis vor Gericht zu widersprechen, weil die Begründung nicht rechtsgültig sei. Auch in der DDR war es nicht rechtens, jemanden, der wegen Wohnungssuche einen gesellschaftlichen Termin versäumte, mit einem Verweis zu bestrafen.

Gesagt, getan. Ich bekam von der hübschen Lehrerin, das einzig Störende an ihr war ihr SED-Abzeichen, recht. Der Verweis wurde zurückgenommen. Mir war bewusst, dass mich das pseudomilitärische Alkoholikertrio nun ganz besonders auf dem Kieker haben würde. Bei der ersten Kleinigkeit würden sie sich für diese Niederlage rächen. Ich musste also dringend raus aus dem Internat.

… INS ZELT …

Mein Vater dirigierte gerade in Schweden. Ich bat ihn, mir ein vernünftiges Zelt zu kaufen. Er brachte ein kleines grünes schwedisches Bergzelt mit. Die Familie Mönnig erlaubte mir, bis auf Weiteres im Vorgarten der Firma zu zelten. Am nächsten Tag war ich raus aus diesem Gruselinternat und schlug mein Zelt im Vorgarten der Firma Mönnig auf.

Mein Zelt stand im Sichtfeld aller Mitarbeiter auf dem Rasen vor der Werkstatt. Durch meine Eltern und vielleicht auch von Natur aus bin ich ein Nachtmensch und hasse es, früh aufzustehen. In meinem Zelt hatte ich zwar einen kleinen Wecker, da es aber sonst absolut ruhig war, verschlief ich trotzdem das eine oder andere Mal den Arbeitsbeginn um 6.30 Uhr. Bitte stellen Sie sich das bildlich vor: Der Meister und die gesamte Belegschaft arbeiten und starren dabei auf das Zelt, in dem der Lehrling gerade verschläft. Alle Kollegen beobachteten mit diebischer Freude, wie das Gesicht meines Lehrmeisters von Minute zu Minute röter wurde vor Wut. Schon deshalb dachte keiner auch nur im Traum daran, mich zu wecken. Der Spaß für alle, mit Ausnahme meines Meisters, war einfach zu groß, den Lehrling um 8.30 Uhr erschrocken aus seinem Zelt kriechen zu sehen. Ich wäre jedes Mal am liebsten unter der Grasnarbe verschwunden. Wirklich harte Zeiten für mich.

Zudem war bereits Ende Oktober und der Winter nahte. Es musste wieder rasch eine Lösung her. Denn damals gab es noch sehr viel Schnee und es war unmöglich, dass ich weiter in meinem Bergzelt wohnen würde. Also ging ich nach der Arbeit in Markneukirchen systematisch von Tür zu Tür und fragte nach einem Zimmer zur Untermiete. Mit diesem Vorgehen hatte ich Erfolg. Denn am dritten oder vierten Tag meiner Suche öffnete mir eine sehr vornehme ältere Dame und hörte sich mein Problem an. Sie bat mich, zwei Tage später wiederzukommen. Sie selbst habe zwar kein Zimmer, kenne aber eventuell jemanden.

Wie in einem kleinen Ort so üblich, rief sie dann beim alten Willy Mönnig an, dem Seniorchef der Firma, und erkundigte sich über mich. Das Schicksal meinte es gut mit mir, denn Herr Mönnig sagte zumindest nichts Schlechtes über mich und die nette Dame gab mir zwei Tage später eine Adresse, bei der ich mich vorstellen sollte. Johann-Sebastian-Bach-Str. 10 bei einer Freundin von ihr. Wenn das keine gute Adresse war!

… IN EINE EIGENE WOHNUNG

Ich eilte sofort, natürlich zu Fuß, zu der Adresse und klingelte. Es war ein kleines Einfamilienhaus und mir öffnete eine etwa achtzigjährige Dame mit einem äußerst vornehmen und gepflegten Äußeren. Kurzum, ich bekam das Zimmer im ersten Stock zur Untermiete, möbliert und für achtzig Ostmark im Monat. Bar zu zahlen, da die Vermietung nicht offiziell war. Sie hätte das Zimmer sonst der staatlichen Wohnungsverwaltung melden müssen und diese hätte ihr einen Mieter zugewiesen. Und eigentlich wollte sie gar nicht vermieten. Sie tat dies nur, weil ihre Freundin und die Empfehlung von Herrn Mönnig mich an ihr Herz gelegt hatten. Der Staat hatte ihr und ihrem bereits vor über zwanzig Jahren verstorbenen Mann die Firma weggenommen, einen Musikinstrumentengroßhandel (»Fortschicker« nannte man das im Vogtland). Sie schloss die Firma Ende der 50er-Jahre ab und behielt die ganze Ware, die sie zu diesem Zeitpunkt hatte. Die Kommunisten sollten nichts davon bekommen. Vielleicht hoffte sie auch auf bessere Zeiten. Die sollte sie allerdings nicht mehr erleben.

Ich hatte eine eigene Wohnung! Überglücklich versprach ich der Dame, ihr beim Einkaufen und Heizen des Kohleofens zu helfen und den Müll wegzuschaffen. Sie wollte aber nicht. »Das hält mich jung«, sagte sie. Jeden Morgen, noch bevor ich aufstand, hatte sie bereits die Kohlezentralheizung angefeuert, die Asche weggebracht und den Vorsaal (das vogtländische Wort für Flur) gesäubert. Ihre Energie war unglaublich. Genau wie ihre immer noch naturschwarzen Haare und ihre makellosen weißen echten Zähne.

Abends saßen wir manchmal zusammen bei einem Gläschen Wein und plauderten. Sie erzählte mir aus ihrem Leben. Kinder hatte sie keine, nur eine jüngere Schwester in Leipzig. Bald zeigte sie mir auch ihre Schätze. Das ganze Haus war voller Geigen, Celli und Bögen, es gab hundert Jahre abgelagertes Holz für Bögen und Geigen, allerlei Kuriositäten und eine echte Bacigalupo, Schönhauser Allee 74a in Berlin, eine kleine Drehorgel. Meine Augen wurden immer größer.

Das Geigenholz hätte für mehr als ein Geigenmacherleben gereicht. Ich überlegte tatsächlich eine ganze Weile, ob ich noch einmal neu anfangen sollte, tat dies aber zum Glück nicht. Denn Oboe konnte ich einigermaßen spielen, Geige aber gar nicht.

Klaus Mönnig an seinem Arbeitsplatz (1979)

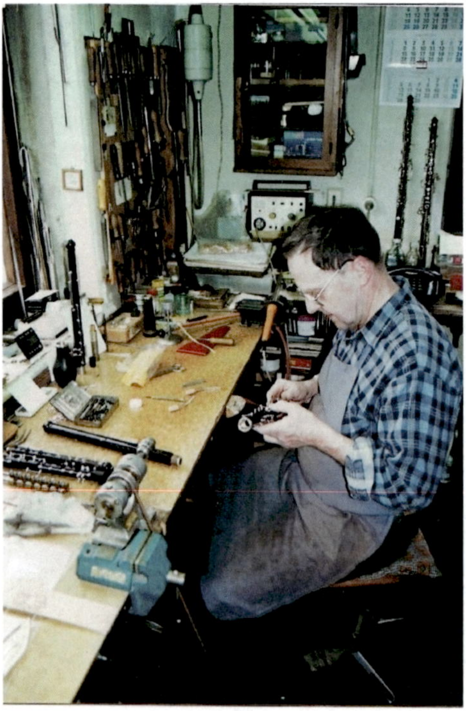

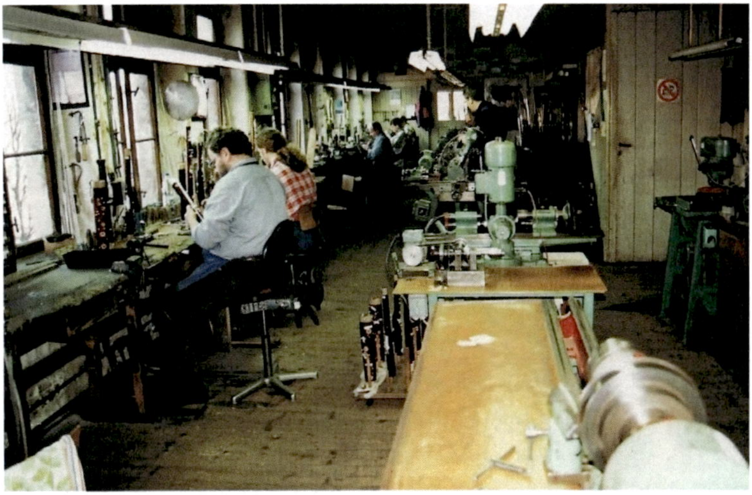

Werkstatt bei Mönnig, 1980. Mein Arbeitsplatz ist ganz hinten gewesen.

Firmengebäude, Aufnahme von 1980

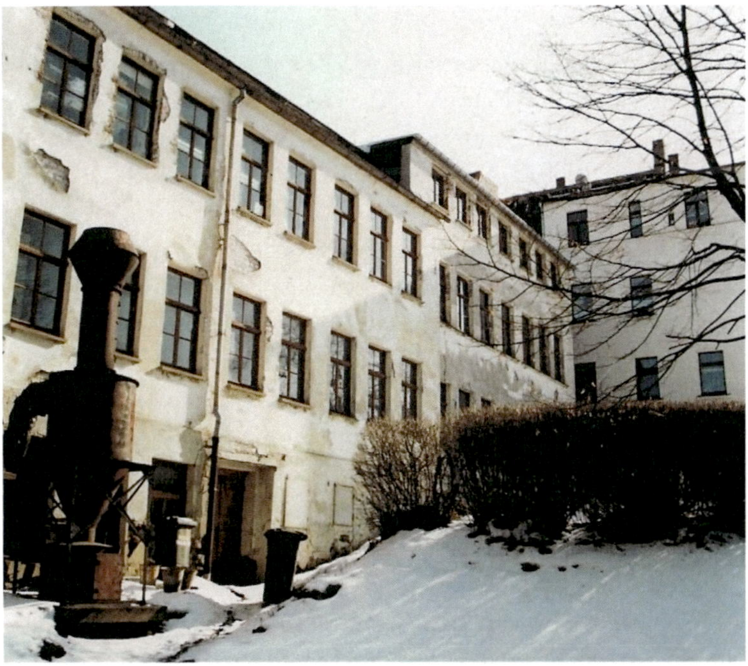

DIE LEHRE NIMMT FAHRT AUF

Mein Ausbildungsmeister in den ersten zwei Jahren war zwar ein sehr guter Handwerker, aber ein ziemlicher Eigenbrötler, der bei niemandem in der ganzen Firma beliebt war. Er nahm an keiner Feier teil und lachte nie. In jeder Mittagspause schlug er mitten in der Firma sein Feldbett auf. Das motivierte viele Kollegen immer wieder dazu, dicht neben ihm etwas fallenzulassen oder beim allmittäglichen Schafkopfspiel die Karten besonders laut auf den Tisch zu klatschen. Der Meister schnarchte regelmäßig so erschreckt auf, dass ich Angst bekam, er würde an seiner Zunge ersticken. Aber ich tat gut daran, mich nicht einzumischen.

Ein großes Problem für mich war, dass mein Meister einen überdimensionalen Überbiss hatte und ich von seinem urvogtländischen Dialekt lediglich jedes zehnte Wort verstand. Seine Anweisungen konnte ich nur unzureichend befolgen. Also gab ich mir alle Mühe, hauptsächlich mit den Augen zu lernen.

Nachdem ich ihm eine Schlagbohrmaschine besorgt hatte (meine Mutter hatte das Ding über Beziehungen unterm Ladentisch bekommen), wurde auch die Verständigung besser. Er gab sich deutlich Mühe, mit mir so etwas wie Hochdeutsch zu sprechen. Ich arbeitete hart, lernte fleißig und machte jede Menge unbezahlte Überstunden. Ich wollte nicht nur Anerkennung, ich wollte der Beste sein. Mit Ausnahme von Klaus Mönnig war ich der Einzige in der ganzen Firma, der die Musik verstand und liebte, die mit diesen Oboen und Fagotten gemacht wird. Alle anderen betrachteten ihre Arbeit als reines Handwerk.

Meine Integration ins Vogtland und besonders in der Firma war schwer. Aber durch meine, sagen wir, recht kommunikative Art, die Tatsache, dass ich aus Ostberlin viel besorgen konnte, was es im Rest des Landes nicht gab, und durch viel zu viel Bier – zu diesem Zeitpunkt mochte ich eigentlich immer noch kein Bier –, das ich mit den Kollegen trank, wurde es langsam besser. Bis meine Mutter mich das erste Mal besuchte. Nach etwa einem halben Jahr kam sie. Ich sollte besser sagen, sie erschien.

Als Opernsängerin ist meine Mutter mit einer Walkürenstimme ausgestattet. Bereits 1980 hatte sie einen Golf und ihre Katze Ypsi führte sie immer an der Leine mit sich. Auch wenn sie irgendwo im Inland auftrat, war Ypsi dabei. Sie bezahlte dann oft ein Zimmermädchen dafür, die Katze zu füttern und zu streicheln. Das war sicher einmalig.

Im März 1980 fuhr sie mit ihrem Golf und Ypsi vor der Firma Mönnig vor. Das Firmengebäude war wie ein langer Schlauch und ich saß ganz hinten. Sie betrat die Firma in ihrer Nerzjacke, Ypsi an der Leine und rief – oder sang – mit ihrer vollen Opernstimme »Luuuuudwiiiig – mein Sohn«. Alles, was ich an Integration und etwas Anerkennung in sechs Monaten aufgebaut hatte, war in dieser Sekunde vernichtet. Ich wäre am liebsten unter den alten Holzdielen verschwunden. Auf Nimmerwiedersehen. Ihre Stimme hallte durch die ganze Werkstatt und es gab niemanden, aber auch wirklich niemanden, der sie hätte überhören können.

Der Besuch meiner Mutter hatte noch einen zweiten Höhepunkt der peinlichen Art. Sie residierte im ersten Haus am Platze, dem Hotel zur Post. Dort spielten immer am Samstagabend die Vogtlandschrammeln zum Tanz auf, für eine Generation deutlich über 100. Zumindest kam es mir so vor. Meine Mutter wollte unbedingt mit mir dort essen. Es lag noch Schnee und ich kam mit meinen damals hochmodernen Moonboots dort an. Kein einziger junger Mensch in dem Restaurant. Wir aßen und tranken. Meine Mutter bezahlte, so konnte ich richtig zuschlagen. Und dann wollte sie tanzen. Mit mir! Zu dieser Musik! Sie nötigte mich zu einem einzigen Tanz.

Das Restaurant war komplett ausgebucht. Deshalb hatte ich ein sehr hübsches, etwa achtzehnjähriges Mädchen übersehen, das anscheinend auch von seinen Eltern dorthin gezwungen worden war. Ich hatte es nie zuvor gesehen. Die Mutter des Mädchens sah, wie ich mit meiner Mutter tanzte, kam dann zu uns an den Tisch und sagte: »Wenn du mol mid meiner Dochda danzd, do grigsd fünf Marg.« Ich hätte dieses Mädchen gern kennengelernt, aber nicht in Moonboots, bei dieser schrecklichen Musik und mit lauter alten Leuten um uns herum. Ich tanzte trotzdem mit ihr. Ihr wie mir war das Ganze hochpeinlich. Es ist nichts aus uns geworden. Aber ihre zufriedene Mutter kam und gab mir die versprochenen fünf Mark.

Meine Arbeit machte mir wirklich Spaß. Mit Ausnahmen natürlich. Endloses Klappenfeilen ging nicht nur sehr auf die Arme, sondern machte auch unglaublich schmutzige grüne Hände. Diesen Grünspan bekam ich selbst mit Kernseife kaum ab. Da ich so auf keinen Fall ein hübsches Mädchen anfassen wollte, kam ich auf die Idee, meine Hände für zehn Sekunden in die Beize zu halten. Das hat tatsächlich funktioniert. Auch bleibende Schäden konnte ich nicht feststellen, obwohl ich diese Prozedur über vier Jahre täglich durchführte. Mein gesamtes Ansetzerleben lang.

Ich wollte unbedingt die Instrumente mit ihren fein versilberten Klappen fertigmachen und am liebsten auch ausstimmen. So eine Stelle in der Firma zu bekommen, war nicht einfach. Erst einmal musste ich zwei Jahre Lehre und noch zwei Jahre Ansetzen hinter mich bringen. Dann durfte ich bei Klaus Mönnig endlich das Fertigmachen lernen.

Das Klappenfeilen, das sogenannte Ansetzen, ist die Grundlage für die Herstellung der Mechanik. Das Zusammenlöten der gesamten Mechanik aus hunderten Einzelteilen ist dann die zweite, noch anspruchsvollere Stufe des Könnens und gehört ebenfalls zum Ansetzen. Das Fertigmachen würde ich als Königsdisziplin bezeichnen, da sich hier das Ergebnis, welches der Künstler dann direkt spürt, zeigt.

Während der Lehre war es in der Berufsschule üblich, dass schon im ersten Lehrhalbjahr Offiziere der Armee erschienen und mit tausenderlei Versprechungen und Lobeshymnen auf den Sozialismus versuchten, die männlichen Lehrlinge für drei oder zehn Jahre Armeedienst zu verpflichten. Diese Offiziere erschienen mitten im Unterricht und wollten am liebsten gleich die Verpflichtungserklärung unterschrieben mitnehmen.

Nur war es in meiner Klasse so, dass wir vier Berliner und drei weitere Lehrlinge nicht nur nicht unterschreiben wollten, sondern sogleich verkündeten, dass wir überhaupt keinen regulären Armeedienst ableisten würden. Eine völlige Verweigerung zog empfindliche Haftstrafen nach sich. Als Alternative gab es den »Bausoldaten«. Das hieß Dienst ohne Waffe. In den Augen dieser Offiziere war das bereits Landesverrat. Dass nun sieben in einer Klasse dieselbe Absicht hatten, rief die Stasi auf den Plan. In Einzelgesprächen wurde großer Druck aufgebaut.

Bei der eigentlichen Musterung ein Jahr später wurden wir alle als Bausoldaten gemustert. Mit zahlreichen Druckmitteln versuchte der Staat, die Leute davon abzuhalten, diesen Weg zu gehen. Eines davon war die Zeit: Bausoldaten wurden erst zum spätestmöglichen Zeitpunkt, mit etwa 27 Jahren, eingezogen. Da hatte man gewöhnlich schon Familie oder wollte ein Haus bauen oder eine Qualifizierung machen. Bausoldaten sollten ständig in Ungewissheit leben. Sie mussten immer damit rechnen, mitten in dem, was sie gerade angefangen hatten, eingezogen zu werden. Mir war das egal. Ich wusste zu diesem Zeitpunkt schon, dass ich nicht in der DDR leben wollte. Darauf komme ich später noch zurück.

Ich lernte das Fertigmachen und war sehr glücklich. Leider war bei Gebr. Mönnig keine Stelle frei für mich. Deshalb wechselte ich 1983 zu Sonora (heute Oscar Adler), einen anderen Betriebsteil des großen VEB Blechblas. Die Eingewöhnung dort dauerte nicht mehr so lange, da ich inzwischen mit der vogtländischen Mentalität vertraut war. Ich versuchte immer wieder, Verbesserungen der Instrumente anzustoßen. Das gelang mir als Preuße und junger Mitarbeiter nicht gut, trotzdem versuchte ich so viel wie möglich, auch wenn es am Ende nicht umgesetzt wurde.

Im Oktober 1981 wurde in Leipzig das neue Gewandhaus eröffnet, unter anderem mit einem Konzert der Berliner Philharmoniker unter Karajan. Das wollte ich unbedingt erleben. Es war jedoch unmöglich, an Karten zu kommen. Die Eintrittskarten wurden an linientreue Parteikader vergeben – und absurderweise an Touristen aus dem Westen. Trotzdem fuhr ich an diesem kühlen, regnerischen Herbsttag mit dem Zug aus Markneukirchen nach Leipzig, um mein Glück zu versuchen. Ich hatte 20 D-Mark und natürlich genug Ostmark dabei. Bereits mittags stellte ich mich mit einem Schild »Suche Karte« vor das Gewandhaus. Es nieselte. Nach einer Stunde nahm mir ein Stasi-Mitarbeiter im grünen Trenchcoat das Schild weg mit der Begründung, in der DDR bekomme jeder, was er verdiene, und wenn ich keine Karte habe, so hätte ich diese auch nicht verdient.

Also versuchte ich es ohne Schild und sprach jeden an, von dem ich annahm, er könne eine Karte verkaufen, eventuell auch für D-Mark. Ohne Erfolg. Als der Bus mit den Musikern der Berliner Philharmoniker kam, stürzte ich sofort hin und fragte sie nach einer Karte. Erfolglos. An den Maestro, der kurz darauf in seinem privaten Porsche vorfuhr, kam ich nicht heran, er war komplett abgeschirmt.

Nach etlichen Stunden war mir so kalt und ich dermaßen nass, dass ich zum Hotel Astoria lief, dem Stammhotel meiner Mutter, wenn sie in Leipzig sang, um mich aufzuwärmen. Just als ich dort ankam, fuhr ein Diplomaten-Mercedes vor. Die Nummer kannte ich – »CD 57 …« war die Nummer der Ständigen Vertretung der Bundesrepublik in der DDR. Hans Jürgen Bräutigam, der damalige Ständige Vertreter, stieg aus und ich sah meine letzte Chance gekommen. Ich eilte zu ihm und fragte ihn nach einer Karte. Er überlegte tatsächlich eine Weile, doch dann sagte er, dass er leider nichts für mich tun könne. Nach einem Kaffee im Astoria ging ich wieder auf den Platz vor dem Gewandhaus.

Inzwischen sah ich aus wie ein Hausierer: frierend, nass und langsam entmutigt. Zwanzig Minuten vor dem Konzert kam ein Mann auf mich zu und fragte, ob ich Herr Frank sei. Er war der Fahrer von Herrn Bräutigam und gab mir seine Karte mit den Worten »Ich kann in West-Berlin jederzeit die Philharmoniker hören«. So schenkte mir das Schicksal in letzter Minute nicht nur eine Karte, sondern sogar einen Diplomaten-Platz neben Herrn Bräutigam – und ein unglaubliches musikalisches Erlebnis. Es standen die Unvollendete von Schubert sowie die Alpensinfonie von Strauss auf dem Programm. Dieses Konzert werde ich in meinem ganzen Leben nicht vergessen. Ich habe Herbert von Karajan wenigstens einmal live erlebt! Noch heute bekomme ich Gänsehaut, wenn ich an dieses Ereignis denke. In der Nacht fuhr ich unendlich glücklich mit dem Zug zurück nach Markneukirchen und am nächsten Morgen hatte ich viel zu erzählen.

DIE HÜBSCHE FLEISCHERS-TOCHTER

Im Jahr 1984 wollte ich anfangen, meinen Handwerksmeister zu machen. Dies wurde vom VEB abgelehnt mit der Begründung, man brauche keine Handwerksmeister. Natürlich hatte das mit meiner Musterung zum Bausoldaten zu tun. Mein Vater wurde daraufhin beim Direktor des VEB Blechblas- und Signalinstrumentenfabrik vorstellig und erinnerte ihn daran, dass wir Berliner vom Ministerium für Kultur delegiert waren, um anschließend als Reparateure in Berlin oder als Handwerksmeister in der Firma zu arbeiten. Das quittierte der Direktor mit den Worten: »Wir investieren hier gar nichts mehr! Und wenn nichts mehr geht, dann bauen wir Möbel.« Er war selbstverständlich SED-Genosse und gelernter Bürstenmacher, mit dem VEB Blechblas unterstand er dem Möbelkombinat Leipzig.

Mein Vater war entsetzt. Letztlich bot der Direktor als Kompromiss an, dass ich den Handwerksmeister machen könne, wenn ich (beziehungsweise meine Eltern) alle Kosten privat bezahlen und diese Ausbildung in unbezahlter Arbeitszeit leisten würde. So war es dann und ich begann meine Meisterausbildung.

Obwohl ich bei Sonora arbeitete, war Klaus Mönnig mein Lehrmeister. Von ihm habe ich unglaublich viel gelernt. Zwei Jahre später erhielt ich dann die begehrte Urkunde.

Während dieser Ausbildung gab es auch theoretischen Unterricht in einer Berufsschule in Oelsnitz. Branchenübergreifende Fächer wie sozialistisches Recht, sozialistische Betriebswirtschaft und Ähnliches hatten wir zusammen mit Meisterschülern anderer Berufe wie Bäckern oder Fleischern. So lernte ich die wunderschöne Fleischerstochter Kathrin kennen.

Ihrem Vater gehörte die beste private Fleischerei in Markneukirchen und sie machte die Ausbildung zur Fleischermeisterin. Kathrin war nicht nur ausgesprochen hübsch, jung und hatte zu diesem Zeitpunkt keinen festen Freund, sie kam auch in ihrem eigenen VW Golf angefahren. Mit 19 Jahren. Nun setzte ich all meinen Charme ein, um sie zu beeindrucken. Auch die Tatsache, dass ich eine eigene Wohnung hatte, sprach für mich. Es gelang. Wir verliebten uns.

Ein positiver Nebeneffekt war, dass mein sonst immer sehr traurig dreinblickender Kühlschrank mit den leckersten Fleisch- und Wurstwaren gefüllt war. Wir waren einen Monat zusammen, als ich zu ihrem Vater zitiert wurde. Es war wie in einem alten Film: Der Vater saß in seinem Sessel im Wohnzimmer und ich stand im Türrahmen. Er verkündete, dass folgende Regeln gelten, wenn ich mit seiner Tochter zusammen sein wollte:

1. Ich muss in das Fleischergeschäft einheiraten und am besten auch Fleischer werden.

2. Seine Tochter geht auf keinen Fall mit mir irgendwo hin.

3. Wenn ich damit nicht einverstanden bin, muss die Beziehung sofort beendet werden.

Ich stand da und war so verdattert, dass ich kein Wort erwidern konnte. Schweigend verließ ich den Raum. Draußen warteten Kathrin und ihre Mutter. Sie hatten alles mit angehört und es war ihnen sehr peinlich. Gegen den Willen des Patriarchen war wohl kein Kraut gewachsen. Die Mutter drückte mir mit einem verstohlenen Lächeln eine Tüte mit den leckersten Köstlichkeiten in die Hand und sagte: »Das meint er nicht so.« Na ja …

Kathrin verließ an diesem Tag mit mir zusammen ihr Elternhaus. Sie wollte auf gar keinen Fall unsere Beziehung beenden oder die Bedingungen ihres Vaters von mir erfüllt sehen. So hatten wir fast zwei wunderschöne Jahre miteinander.

AUSREISEANTRAG

Nach dem Ende meiner Meisterausbildung 1986 stellte ich einen Ausreiseantrag zur Übersiedlung in die Bundesrepublik Deutschland. Dies musste an meinem Hauptwohnsitz in Berlin, Prenzlauer Berg, bei der Bezirksverwaltung, Abteilung Inneres, geschehen.

Offiziell gab es so einen Ausreiseantrag überhaupt nicht. Man kam mit einem handgeschriebenen Blatt Papier, auf dem das Anliegen formuliert war. Doch die Abteilung Inneres konnte man nicht einfach so betreten. Schon beim Pförtner musste ich mein Anliegen offenbaren und den Ausweis vorlegen. Dann wurde ein Summer gedrückt und mir wurde die Nummer eines Zimmers gesagt, vor dem ich zu warten hatte. Dort saß ich stundenlang, obwohl außer mir kaum jemand zu sehen war. Dann in scharfem Kommandoton: »Frank – eintreten!« Ich kam in einen kargen Raum mit dem unvermeidlichen Porträt Erich Honeckers an der Wand, einem schäbigen Regal mit ein paar Ordnern und einem Tisch, an dem der Vernehmer saß. An der anderen Seite des Tisches sollte ich Platz nehmen. Der Vernehmer, seinen Namen erfuhr ich nicht, rauchte ununterbrochen. Die Tür, durch die ich eingetreten war, hatte von innen keine Klinke.

Der Vernehmer hatte bereits eine Akte mit meinem Namen auf seinem Tisch. Nun schob ich meinen Antrag zu ihm hinüber und wollte ihn ausführlich begründen. Doch da wurde ich mit den Worten unterbrochen, dass es so einen Antrag nicht gebe und man ihn deshalb auch nicht bearbeiten oder gar genehmigen könne. Ob sich jemals ein Ausreisewilliger mit dieser Auskunft zufriedengab und nach Hause ging? Ich jedenfalls nicht. Doch es sollte noch mehr als drei Jahre und etliche Ablehnungen dauern, bis im Juni 1989 meine Ausreise für den 11. November 1989 genehmigt wurde. Aber dazu später mehr.

Ab sofort richtete ich mein Leben auf die Ausreise aus und ließ (fast) nichts unversucht, diesem Herzenswunsch gegenüber der Staatsmacht Nachdruck zu verleihen. Die Repressalien des Staates nahm ich in Kauf. So durfte ich ohne Begründung 1988 nicht nach Ungarn fahren. Garantiert wurde ich immer an der Grenze zur damaligen Tschechoslowakei, welche nur ein paar Kilometer hinter Markneukirchen lag, gefilzt oder gar zurückgewiesen.

Kurz nach meinem Ausreiseantrag wurde ich vom Wehrkreiskommando Klingenthal mit einer Einberufung zur Armee bedacht. Denn als Bausoldat war ich der Willkür bei der Einberufung besonders ausgesetzt. Und letztlich war es auch Wehrdienst. Den Wehrdienst ableisten in einem Land, in dem ich nicht leben wollte? Auf keinen Fall! Aber was tun? Wehrdienstverweigerung wurde in der DDR mit Gefängnis bestraft, ohne Alternative. Das wollte ich definitiv nicht. Nun habe ich viele Ärzte in der Familie. Da musste es einen Weg geben.

Aber sie gaben mir alle zu verstehen, egal, was sie mir an Krankheiten bescheinigen würden, der Wehrarzt habe das letzte Wort. Nun war guter Rat teuer. Mein Onkel Dieter aus Riesa, der Bruder meines Vaters, hatte dann eine geniale Idee: Ein Studienkamerad von ihm war Psychiater in Klingenthal. Ich müsse alles daran setzen, vom Wehrarzt zu ihm überwiesen zu werden. Das war alles andere als einfach und auch mit beträchtlichen Risiken behaftet. Wie sollte ich das anstellen, ohne entweder gleich in eine Psychiatrie eingewiesen zu werden oder doch im Gefängnis zu landen? Tagelang zermarterte ich mir das Hirn. Was sollte ich tun und was lassen?

Diese zweite Musterung hatte dann etwas von einem grotesken Schauspiel. Mir war schlecht vor Angst, aber ich musste mich konzentrieren, um keinen Fehler zu machen.

Als ich in das Musterungszimmer gerufen wurde, saßen auf einer Empore fünf Militärs, zum Teil mit goldenen Schulterstücken. Ich saß unten – alleine. Dort brachte ich meine Argumente vor, Ausreiseantrag und so weiter. Das wussten sie ja bereits und ließen es nicht gelten. Vorher war ich schon beim Wehrarzt gewesen, er hatte mich für körperlich tauglich befunden. Die fünf Militärs waren nun drauf und dran, die Sache kurzerhand zu beenden und mich einzuberufen.

Mit einem Puls von bestimmt 180 und Angstschweiß im Nacken stieß ich meinen ultimativen Satz hervor: »Wie Sie wissen, habe ich einen Ausreiseantrag und möchte in diesem Land nicht leben. Da ich ein Land, in dem ich nicht leben möchte, auch nicht verteidigen kann, weiß ich nicht, was ich tue, sollte ich eine Waffe in die Hand bekommen.« Stierer Blick von meiner Seite. Eisiges Schweigen auf der anderen Seite. Diese Leute trauten sich auch gegenseitig nicht, so wagte es keiner, nach meiner Aussage die Verantwortung zu übernehmen und mich trotzdem zum Wehrdienst zu schicken. Stattdessen wurde ich zum weit und breit einzigen Psychiater überwiesen – dem Studienfreund meines Onkels Dieter. Das Ganze bedeutete leider keine Ausmusterung, sondern nur eine Rückstellung. Aber immerhin.

Heute erzählt sich das alles so leicht. Doch ich hatte nie wieder in meinem Leben solche Angst wie zu diesem Zeitpunkt. Mein Onkel hatte den Psychiater informiert. Er verabreichte mir keine Medikamente oder Therapien. Ich musste nur einmal im Monat zu ihm kommen und etwa zwei Stunden unbehelligt auf einer Couch liegen.

HERRLICH WILDE ZEITEN

Mein Privatleben mit meinen Freunden, die ich fast alle schon aus Berlin kannte, ging weiter. Matthias, mit dem ich an der Händelschule in Berlin in einer Klasse gewesen war, hatte nach seinem Musikstudium eine Stelle als Cellist im Orchester der IG Wismut in Chemnitz (damals noch Karl-Marx-Stadt) bekommen und lebte somit nur eine Trabi-Stunde von Markneukirchen entfernt. Auch er hatte eine eigene Wohnung. Das war unter meinen Freunden und Freundinnen die absolute Ausnahme. Und so fanden alle Partys entweder bei ihm oder bei mir statt. Matthias und ich hatten nicht nur viele gemeinsame Freunde, sondern auch viele gemeinsame Hobbys: Windsurfen, Skifahren, Musik und eine große Zuneigung zu hübschen Mädchen. Nachdem ich meine anfängliche Schüchternheit durch die unglaublichen Erfahrungen mit einer verheirateten Frau abgelegt hatte, entwarfen und erprobten Matthias und ich viele gemeinsame Strategien zur Eroberung weiblicher Herzen.

Mein Verhältnis zu dieser außergewöhnlichen, verheirateten Frau, deren Namen ich hier nicht nennen möchte, begann im Februar 1980. Da war ich gerade 16 und Frauen gegenüber sehr schüchtern. Im Osten hatte jede Firma eine Patenklasse in einer Schule und war die Patenbrigade dieser Klasse. Die Patenklasse bastelte einmal im Jahr eine Wandzeitung für ihre Patenbrigade und diese schickte im Gegenzug einen Abgesandten zur Zeugnisausgabe und zur Begleitung von Wandertagen. Wohlgemerkt: Dies geschah in bezahlter Arbeitszeit. So war der Sozialismus eben. Weil dennoch niemand gerne diese Aufgabe übernehmen wollte, wurde ich als Lehrling im ersten Lehrjahr delegiert.

Als ich in der Grundschule in Erlbach angekommen war und den Raum meiner Patenklasse gefunden hatte, nahm ich in der letzten Bank Platz. Kurz danach kam die Lehrerin. Eine sehr schöne junge Frau. Schwarze Haare, sonnengebräunte Haut, ein strahlendes Lächeln. Ich konnte den Blick nicht von ihr wenden und hätte beinahe die Übergabe der Geschenke vergessen – von der Brigade sollte ich den zwei, drei besten Schülern ein kleines Präsent überreichen. Der Lehrerin blieb sicher nicht verborgen, wie ich sie ansah. Nach Ende der Zeremonie stellte ich mich artig bei ihr vor und wir plauderten ein wenig. Unvermittelt lud sie mich zu sich nach Hause auf einen Kaffee ein. Ich sagte verdutzt zu.

Erlbach und Markneukirchen liegen nur zwei Kilometer auseinander, sodass wir miteinander die Strecke am Schwarzbach entlang liefen. In ihrer sehr geschmackvoll eingerichteten Wohnung über der Kneipe Bismarck in Markneukirchen servierte sie Kaffee und einen selbst gebackenen Kuchen. Die Situation machte mich sehr nervös, was sie bestimmt merkte. Sie brachte eigens destillierten Obstschnaps, um mich zu entspannen. Ich war gerade mit der Schule fertig geworden – jetzt bei einer Lehrerin, noch dazu einer wunderschönen, auf der Couch zu sitzen, war mehr als eigenartig. Sie war verheiratet, sandte mir aber schon bei diesem unserem ersten Treffen nicht nur eindeutige Signale, sondern gab mir auch zu verstehen, dass ihr Mann weit weg sei, bei der Armee. Viele Stunden und Schnäpse später ging ich sehr aufgewühlt nach Hause.

Es vergingen einige Wochen. Dann kam der erste Wandertag, den ich als Vertreter der Patenbrigade begleiten sollte. Ich sah sie wieder, sie lächelte mich an und es war um mich geschehen. Als der Wandertag vorbei war, sagte sie, sie komme später, sobald es dunkel sei, zu mir nach Hause und werde etwas zu Essen mitbringen. Wie Rotkäppchen stand sie dann mit einem Korb voller selbst gemachter Leckereien vor der Tür. So sollte es bleiben. Immer brachte sie körbeweise schöne Dinge mit, dekorierte den Raum und zündete Kerzen an. Sie verführte mich nach allen Regeln der Liebeskunst und brachte mir Dinge bei, von denen ich vorher nicht einmal geträumt hatte.

Wir mussten vorsichtig sein in so einer kleinen Stadt, konnten uns nie in der Öffentlichkeit oder mit meinen Freunden treffen, denn sie hatte große Angst vor ihrem Mann, er durfte keinesfalls etwas von uns erfahren. Wir hatten beide kein Telefon, deshalb gab ich ihr immer ein Zeichen, wenn ich nicht allein war, und stellte einen nicht zu übersehenden Kerzenleuchter ins Fenster. In diesen Fällen ging sie dann wieder nach Hause. Sie hatte nichts dagegen, dass ich andere Freundinnen hatte. Unser Verhältnis dauerte zehn Jahre, bis fast zu meiner Ausreise. Es war eine wunderbare Erfahrung!

SAUERKRAUT UND SEXHEFTCHEN

Mein Ausreiseantrag wurde immer wieder abgelehnt. Warum das so war, sollte ich erst später begreifen, als ich meine Stasi-Akte las. Um meinem Ausreisewunsch Nachdruck zu verleihen, kündigte ich meinen Job als Holzblasinstrumentenbauer. Unsere Firma exportierte etwa 90 Prozent aller Instrumente ins NSW (Nichtsozialistisches Wirtschaftsgebiet), also in den Westen. Somit war ich ein Devisenbringer für die DDR und genau das wollte ich nicht länger sein. Auch vermutete ich, dass das ein Grund dafür war, dass ich nicht ausreisen durfte.

Meinen Unterhalt konnte ich locker bestreiten mit Flohmarktumsätzen und ein paar privaten Überholungen von Oboen. In meiner Wohnung hatte ich mir eine kleine Werkstatt eingerichtet, um Instrumente zu überholen. Inoffiziell, versteht sich. Ich wollte meine Finger fit halten und ein wenig zusätzliches Geld verdienen. Da in der DDR an allem Mangel war, gab es auch kaum die Möglichkeit, einen Termin für eine Überholung zu bekommen. Musiker aus den großen und kleinen Orchestern des Landes brachten deshalb ihre Oboen zu mir. Ich gab mein Bestes. Und ich hatte auch etwas Besonderes zu bieten: Korkpolster.

Korkpolster werden zum Abdichten der Tonlöcher verwendet und in die Mechanik geklebt. In der DDR waren Polster aus Fischhaut gang und gäbe. Diese veränderten sich jedoch durch die Einwirkung von Wasser, das beim Spielen durch das Instrument läuft, sehr schnell. Korkpolster dagegen nicht. Sie waren hierzulande rar, da der Kork in Portugal, also für Devisen, gekauft werden musste. Mein Vater brachte mir von seinen vielen Reisen immer Material und auch einige Werkzeuge mit.

Meinem ehemaligen Oboenlehrer, Professor Hans-Werner Wätzig, der auch Solo-Oboist im Rundfunk-Sinfonieorchester Berlin war, wollte ich mit einer solchen Polsterung etwas besonders Gutes tun. Nach Abschluss meiner Arbeit überreichte ich ihm seine alte Mönnig Oboe voller Stolz. Er schaute sie sich an, spielte drei Töne und gab mir das Instrument mit den Worten »So etwas Schreckliches habe ich ja noch nie gespielt!« zurück. Seine Oboe war zwar zum ersten Mal hundertprozentig dicht, aber er wollte seine gewohnten Fischhautpolster zurück. Das war mir unglaublich unangenehm. Hätte ich ihn nur gefragt und nicht wortlos mit etwas ganz Besonderem überrascht! Das war gründlich nach hinten losgegangen. Ich nahm seine Oboe wieder mit und machte die ganze Arbeit noch einmal. Am Ende war er mit den Fischhautpolstern zufrieden, die ich fürchterlich fand, und ich bekam mein Honorar. Heute verwendet niemand mehr solche Polster.

Neben den Überholungen von Oboen ging ich alle vier Wochen auf den Flohmarkt in Plauen. Dort verdiente ich in acht Stunden das Zehnfache meines Monatslohns. Auf meinem ersten Lohnzettel als Geselle standen 1981 als Bruttogehalt 384 Ostmark. Bei dreiundvierzig und dreiviertel Stunden Vollzeit und achtzehn Tagen Urlaub im Jahr. Viele haben heute leider vergessen, dass das die Realität im DDR-Sozialismus war. Auf dem Flohmarkt herrschte hingegen freie Marktwirtschaft. Ich verkaufte gewinnbringend Dinge aus dem Sperrmüll, die ich aufpoliert hatte, selbst gemachte Messing-Armreifen und vieles mehr.

Der absolute Geldbringer aber waren die kleinen Pornohefte, die meine Mutter aus dem Westen für mich einschmuggelte. Im Viererpack gab es sie dort an jeder Tankstelle. Nach einiger Zeit brauchte ich die begehrten Hefte nicht mehr mit auf den Flohmarkt zu nehmen, sondern hatte Vorbestellungen. Natürlich beteuerte jeder, das Heft sei nicht für ihn, sondern für einen Freund. Die Kunden zahlten freiwillig für eines dieser Hochglanzheftchen 800 Ostmark. Meine Mutter hatte für vier Hefte 20 D-Mark bezahlt. Dieser Wechselkurs war sensationell. Ich gab den Preis nie vor, das Geld wurde mir freiwillig gegeben.

Genau vier Wochen nachdem ich meinen Job gekündigt hatte, kam ein Mitarbeiter der Stasi zu mir nach Hause und erklärte mir eindringlich, dass in der DDR jeder die Pflicht habe zu arbeiten. Wer dies nicht tue, müsse als asoziales Element mit Gefängnis rechnen. Es spielte überhaupt keine Rolle, ob man seinen Lebensunterhalt vom Geld der Eltern, durch ein Erbe oder andere Umstände bestreiten konnte. Es gab eine Arbeitspflicht.

Eigentlich hatte ich in meiner Werkstatt und mit dem Flohmarkt mehr als genug zu tun und verdiente auch prächtig. Das konnte ich diesem Stasi-Fuzzi aber so nicht sagen. Obwohl ich der sozialistischen Gesellschaft so wenig wie möglich nützlich sein wollte, musste ich mich wohl oder übel auf die Suche nach Arbeit machen, zumindest nach einer Halbtagsstelle. Als ich eines Tages durch Markneukirchen lief, um einzukaufen, schickte mir das Schicksal die Rettung. In dem kleinen Ort gab es erstaunlicherweise noch relativ viele private Bäcker, Fleischer und auch zwei private Lebensmittelgeschäfte. In einem dieser Lebensmittelläden stand ein kleines Schild im Fenster: »Verkäuferin gesucht«.

Nun bin ich keine Frau und auf dem Schild stand auch nicht wie heute üblich »m/w/d«, Ahnung von Lebensmitteln oder gar Gemüse hatte ich auch keine, aber ich ging hinein und sagte fröhlich: »Ich bin Ihre neue Verkäuferin.« Die beiden Frauen im Geschäft schauten mich völlig entgeistert an. Nachdem ich die Ernsthaftigkeit meines Anliegens wiederholt hatte, wurde die Chefin gerufen. Eine äußerst nette Frau. Alsbald durfte ich sie Marialotte nennen. Ich erklärte meine Situation mit dem Ausreiseantrag und dass ich nur halbtags arbeiten wolle. Als sie hörte, dass meine Mutter Opernsängerin war und ich ihr und ihrem Mann Opernkarten in Dresden oder Chemnitz besorgen konnte, waren wir uns einig. Ich bekam den Job!

In der DDR wurde man in aller Regel in den Geschäften sehr mürrisch bedient. Da ich keine Ahnung vom Geschäft hatte, war es mir wichtig, den Job zumindest so gut und freundlich wie irgend möglich zu machen. So besorgte ich mir erst einmal im örtlichen Modehaus Adrett einen weißen Kittel. Die beiden anderen Verkäuferinnen vom Lebensmittelgeschäft trugen Kittelschürzen aus Dederon. Erstaunlicherweise werden Produkte aus dieser DDR-Kunstfaser auch heute noch produziert. Ich wollte sie schon damals auf keinen Fall tragen.

Das private Lebensmittelgeschäft, das es im Übrigen heute noch gibt, stellte selbst das beste Sauerkraut her, das ich je gegessen habe. So machte mich das Schicksal zum Lebensmittel- und Sauerkrautverkäufer. Ich nahm den Job ernst. Zwar verkaufte ich den überwiegend weiblichen Kunden Sellerie als Kohlrabi und umgekehrt, aber das so freundlich und überzeugend, dass sie ihn trotzdem nahmen. Ich brachte den Frauen die Getränke und die schweren Taschen bis ins Auto. Und einer sehr netten älteren Dame sogar bis nach Hause. Der Umsatz des Ladens ging nach oben. Ich hatte eine Art Narrenfreiheit. Da diese Verkaufskultur in der DDR völlig unüblich war, war ich spätestens jetzt in Markneukirchen bekannt wie der berühmte bunte Hund.

Unbedingt wollte ich, wenigstens einmal, Sauerkraut selbst stampfen. So durfte ich eines Tages mit Gummistiefeln und im gelben Gummimantel mit Kapuze, auch Friesennerz genannt, in das riesige Holzfass. Es war etwa sechs Meter hoch und hatte einen Durchmesser von drei Metern. Unten befand sich eine kleine Holztür. Mit einer anfänglich sehr schweren Schüssel Gewürze im Arm trat ich ein. Dann wurde die Tür von außen verschlossen. Über ein Förderband kam von oben unaufhörlich gehäckseltes Weißkraut in das Holzfass. Es rieselte mir auf den Kopf und auch sonst in alle Öffnungen. Ich musste so lange im Kreis laufen und regelmäßig Gewürze verstreuen, bis ich nach drei Stunden oben im Fass war. Nur so konnte man die Leiter erreichen, die aus dem Fass führte. Meine Aufgabe war nicht nur, das Kraut zu stampfen und zu würzen, sondern ich sollte es auch mit den Füßen gleichmäßig im Fass verteilen. Das war richtige Hand- beziehungsweise Fußarbeit. Nach einigen Wochen der Gärung war dann feinstes Sauerkraut fertig. Bis heute wird es in dem Geschäft in Markneukirchen so gemacht und es stellt jedes Dosenkraut in den Schatten.

Marialotte amüsierte sich prächtig über meine Art, den Job auf meine Weise zu erfüllen. Wenn ich mittags fertig war, durfte ich gelegentlich sogar in ihrer Privatwohnung baden, die gleich über dem Geschäft war.

Fantastisch, denn meine neue Wohnung hatte überhaupt kein Wasser. Es gab lediglich ein altes Ausgussbecken aus emailliertem Metall mit Kaltwasser im Treppenhaus. Ich hatte nun zwei Zimmer, insgesamt achtundvierzig Quadratmeter, mit einem Braunkohle-Dauerbrandofen. Er brauchte vom Anheizen bis zu einer angenehmen Zimmertemperatur im Winter schon mal drei Stunden, doch zum Glück hatte ich dank meiner devisenverdienenden Eltern aus dem Intershop den Ölradiator mit 2000 Watt, der meine alte stoffummantelte Stromleitung regelmäßig an ihre Grenzen brachte. Auch ein hölzernes Plumpsklo mit Deckel stand mir zur Verfügung. Eine halbe Treppe tiefer, versteht sich.

An diese Wohnung war ich wieder durch private Beziehungen gekommen. Meine erste Vermieterin war 1983 gestorben, ihr Haus wurde verkauft und ich musste raus.

So verging die Zeit, in der ich mich als Sauerkrautverkäufer, Flohmarktverkäufer und Oboenreparateur über Wasser hielt.

VIEL LOS ENDE DER 80ER

Anfang 1989 machte ich noch einmal gründlich Erfahrung mit der ostdeutschen Armee und der Stasi. Die Armee hatte mich nicht vergessen – im Februar '89 bekam ich einen Einberufungsbefehl vom Wehrkreiskommando Berlin. Da ich aber in Klingenthal im Vogtland gemustert worden war, ging ich mit diesem Brief dorthin und fragte ganz naiv, was ich nun tun solle. Der mit Orden behängte Offizier plusterte sich auf. »Mir sinn hier für Sie zuschdändsch unn nisch Berlin.« Was meine Frage noch nicht beantwortete.

Ich fragte erneut, was ich mit dem Brief und der Einberufung machen solle. Darauf der Offizier: »Den gönn Se wegschmeißen, Se hörn von uns!« Das ließ ich mir nicht zweimal sagen und entsorgte den Brief. Das Datum, zu welchem ich hätte in Berlin erscheinen sollen, verging und zunächst passierte nichts. Aber bei meinem nächsten Besuch in Berlin, ich wohnte wie meistens bei meinen Eltern in der Greifswalder Straße, klingelte es Samstag früh um 6 Uhr Sturm. Ich öffnete verdutzt die Tür und stand vor zwei Militärpolizisten mit MP und in voller Uniform.

»Mitkommen zur Klärung eines Sachverhalts«, hieß es kurz und bündig. Widerspruch schien mir nicht angemessen. Auf dem Weg mit dem Fahrstuhl nach unten fragte der eine, ob ich ein Auto habe. Ja, hatte ich. Ich war stolzer Besitzer des 75 PS VW Golf, den mein Vater erst für meine Mutter aus Schweden mitgebracht hatte und den ich dann erbte. Es stellte sich heraus, dass die beiden MPs mit der Straßenbahn gekommen waren. Sie befahlen mir, uns mit meinem VW Golf zur Abteilung Inneres in Berlin Mitte zu fahren. Die beiden stiegen mit ihren Gewehren hinten ein und ich fuhr. Leider gibt es kein Foto davon. Es war bestimmt ein Bild für die Götter. Nur war ich zu diesem Zeitpunkt nicht in der Lage, die Komik zu bemerken. Ich hatte keine Ahnung, was mit mir passieren würde.

Wir fuhren in einen Innenhof der Abteilung Inneres. Meine Autoschlüssel wurden mir abgenommen und wieder wurde ich in einen Raum geführt, der innen keine Klinke hatte. Nach anderthalb Stunden kam ein Mann mit viel geflochtenem Lametta an seiner Uniform und schrie mich unvermittelt an: »Solche Elemente wie Sie brauchen wir in unserer Nationalen Volksarmee nicht!« Kurze Pause. »Rauuuus!« Er wurde ganz rot im Gesicht. Ein niederrangiger Soldat gab mir meine Autoschlüssel zurück und sagte, ich solle meinen Wehrpass abgeben. Der lag allerdings in Markneukirchen.

Also setzte ich mich augenblicklich ins Auto und fuhr so schnell es ging ins Vogtland. Dort schnappte ich meinen Wehrpass, sprang wieder ins Auto und fuhr zurück. Sieben Stunden später war ich erneut bei der Abteilung Inneres in Berlin und gab den Wehrpass ab, bevor sie es sich anders überlegten. Das war es nun endgültig für mich mit dem Thema Armee.

Am 5. Mai 1989 sagte mir meine Chefin Marialotte, dass der SPD-Politiker Hans-Jochen Vogel in der Stadt sei. Auf der Stelle schrieb ich ihm einen Brief mit der Bitte, mir zu helfen, und mit allen Kontaktdaten meiner Verwandten im Westen. So hoffte ich, meinem nach wie vor nicht genehmigten Ausreiseantrag Nachdruck zu verleihen. Nun musste dieser Brief nur noch übergeben werden, ohne dass mich vorher die Stasi verhaftete. Ich bekam heraus, dass Hans-Jochen Vogel dem Musikinstrumentenmuseum in Markneukirchen einen Besuch abstatten würde. Es war für andere Besucher gesperrt und wurde großräumig von der Stasi überwacht. Überall in der Stadt wimmelte es von diesen scheinbar unauffälligen Trenchcoat-Trägern.

Die Autos von Hans-Jochen Vogel und seiner Delegation, in der sich auch der damals völlig unbekannte zukünftige Bundeskanzler Gerhard Schröder befand, standen am Marktplatz nahe dem Hotel Zur Post. Ich ging so unauffällig wie möglich Richtung Museum, um in einer Seitenstraße, an der die Delegation vorbeikommen musste, auf sie zu warten. Meinen Brief umklammernd stand ich bestimmt eine halbe Stunde dort. Dann sah ich sie. Nun hieß es, auf den richtigen Moment zur Annäherung zu warten.

Überall Stasi. Als Hans-Jochen Vogel noch etwa fünfzig Meter von mir entfernt war, wollte ich loslaufen. Da packte mich von hinten eine starke Hand und hielt mich zurück. Ich rief »Herr Vogel! Herr Vogel!«, so laut ich konnte. Hans-Jochen Vogel schaute in meine Richtung, die Hand ließ mich los, hinter mir war niemand mehr. So schnell wie möglich lief ich auf den Politiker zu, schilderte mein Anliegen und übergab meinen Brief. Er steckte ihn sofort in sein Jackett.

Den gesamten Weg bis zu seinem Auto ging ich neben ihm und war unglaublich erstaunt, wie nett und zugänglich Politiker, die man eigentlich nur aus dem Fernsehen kennt, sein können.

Nach dieser Aktion ging ich wieder in meinen Sauerkrautladen, um weiterzuarbeiten und allen zu berichten, was ich getan hatte. Eine halbe Stunde später fuhr ein Stasi-Wolga vor und blieb, bis ich Feierabend hatte. Dann folgte er mir nach Hause und ich wurde wieder »zur Klärung eines Sachverhalts« verhört. Diesmal in meiner Wohnung. Sie wollten unbedingt wissen, was in dem Brief stand. Obwohl sie sich das sicher denken konnten. Ich fragte immer nur: »Welcher Brief?« Nach zwei Stunden gaben sie auf und gingen. Nicht ohne die Drohung, dass das ein Nachspiel haben werde. Es passierte aber nichts mehr. Die Stasi hatte in diesen unruhigen Zeiten zu viel zu tun.

Hans-Jochen Vogel hatte mir Hilfe zugesagt und bereits eine Woche später bekam Onkel Eberhard in Braunschweig einen Brief. Von Herrn Vogel persönlich!

Sechs Wochen später, im Juni 1989, wurde mein Ausreiseantrag für den 11. November 1989 genehmigt.

Bereits Anfang 1989 hatte ich mich von meiner langjährigen Freundin Dagmar getrennt, denn ich wollte niemanden mit in den Westen nehmen, der nur meinetwegen ausreiste. Wer ausreiste, durfte in aller Regel nicht mehr zurück. Ich konnte und wollte mir nicht vorstellen, dafür verantwortlich zu sein, sie in Konflikte zu stürzen.

Und trotzdem passierte es erneut, dass ich mich verliebte, noch bevor ich im Westen war. Mein Freund Matthias durfte im Sommer '89 nach Bayreuth zu den Festspielen. Er bat mich, für diese zwei oder drei Wochen seine Freundin Kathrin bei mir in Markneukirchen zu beherbergen. Kathrin war nicht nur wunderschön, sondern auch außerordentlich nett. Ohne zu zögern, stimmte ich zu. Wir unternahmen in dieser Zeit viel. Unter anderem nahm ich sie auch zu einer Vorstellung der *Walküre* mit nach Magdeburg.

Es versteht sich, dass man sich unter Freunden niemals die Freundin ausspannt. Doch da ich wusste, dass Matthias zu dieser Zeit noch eine andere Freundin hatte, hatte ich ihn gefragt, ob es ihm etwas ausmachen würde, wenn ich bei Kathrin mein Glück probierte. Er lachte nur. »Klar, kannst du gerne machen.« So war die Zeit damals. Es gab die Pille, AIDS war im Osten unbekannt – sexuell waren wir komplett frei und unbeschwert. Niemand konnte in diesem Moment ahnen, dass Kathrin später meine erste Ehefrau werden würde. Ich würde sagen – Schicksal!

Kathrin erzählte ich erst sehr viel später von meiner Absprache mit Matthias, sie lachte sehr darüber. Doch damals war es nicht so einfach, ihr näher zu kommen. Sie wollte ja treu sein. Es bedurfte vieler Rosen für sie und saurer Gurken und Sauerkraut aus Markneukirchen für meine zukünftige Schwiegermutter, bis ich erhört wurde. Der Weg über die Schwiegermutter in spe war sicherlich wirkungsvoll. Sie soll zu Kathrin gesagt haben: »Nimm doch den Ludwig, der ist so nett.« Dass Matthias wie abgesprochen kaum noch Zeit für sie hatte, mag ihr die Entscheidung leichter gemacht haben.

Zum Glück ging die Mauer im November 1989 auf. Ich konnte Kathrin mitnehmen, ohne Gefahr zu laufen, dass sie nicht zurückkönnte, wenn nichts aus uns werden würde.

Meine Mutter sang Ende der 80er-Jahre im einzigen *Ring* der DDR die Brunhilde am Theater Magdeburg. Ich war unglaublich stolz auf sie und besuchte gleich mehrere Vorstellungen der *Walküre* mit meiner Mutter in der Hauptrolle. Es sollte ihre letzte große Rolle sein und der *Ring* ging nicht zu Ende, da noch vor der *Götterdämmerung* das Magdeburger Theater 1990 abbrannte. Die Musik Wagners fasziniert mich bis heute. Die Tiefgründigkeit, die Mystik seiner Musik, die sich vom einfühlsam Liedhaften bis zur absoluten Ekstase steigert und wieder zurückentwickelt, ist genial.

Am 9. November fuhr ich mit meiner Mutter nach Weimar, um ein Konzert der Weimarer Staatskapelle, deren Chef mein Vater zu dieser Zeit war, anzuhören. Schon nach der Pause fiel mir auf, dass es im Publikum etliche leere Stühle gab. Ich hatte keine Erklärung dafür, da das Konzert wirklich sehr gut war. Gleich anschließend fuhr ich mit meiner Mutter zurück nach Berlin, denn zwei Tage später sollte ich ausreisen.

Unterwegs hörten wir im Autoradio die Worte: »Die Mauer ist offen.« Das war für einen DDR-Bürger nicht zu glauben. Als wir in Michendorf ankamen, sahen wir, dass sehr viele Trabbis und Wartburgs zum Grenzübergang Drei Linden unterwegs waren. Meine Mutter sagte kurzerhand: »Da fahren wir jetzt auch hin.«

Gesagt, getan. Wir verbrachten mit all meinen Freunden, die schon früher ausgereist waren, eine unglaubliche Nacht auf dem Ku'damm. Wir konnten es immer noch nicht glauben und feierten mit wildfremden Menschen bis früh um 5 Uhr. Ich bin mir heute noch sehr sicher, dass ich kein einziges Getränk bezahlte. Immer hatte schon jemand anders eine Runde ausgegeben. Die Menschen in Ost und West konnten dieses Glück kaum fassen.

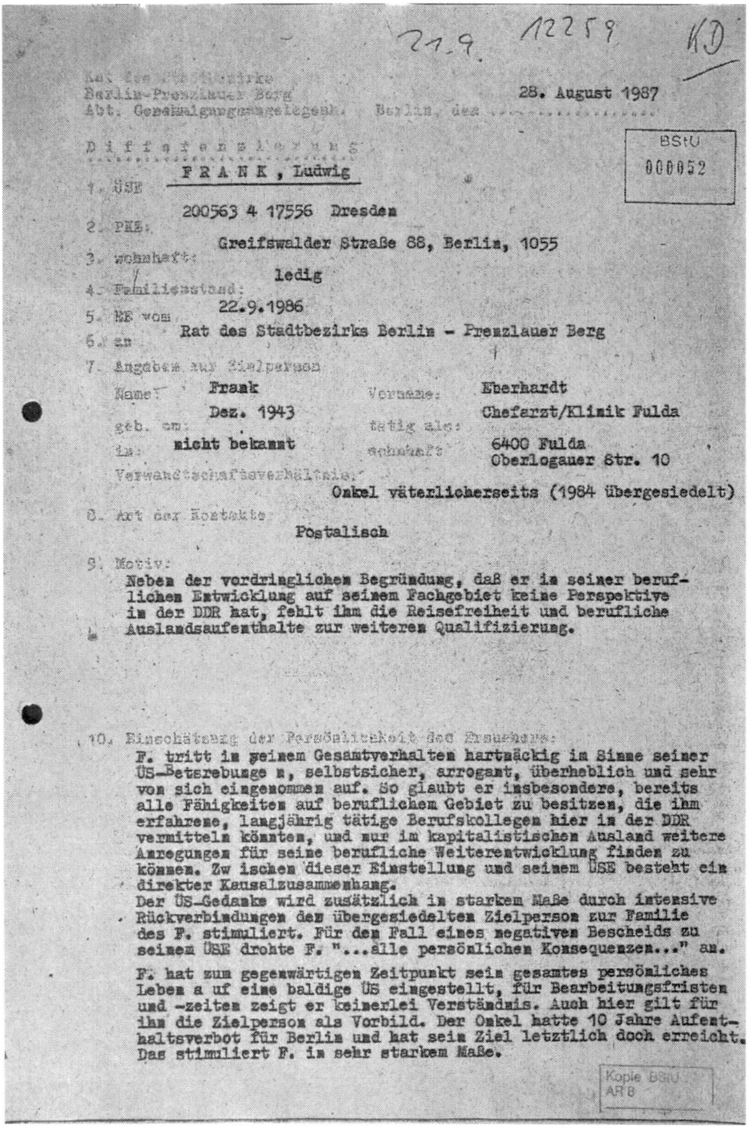

21.9. 12259 KD

Rat des Stadtbezirks
Berlin-Prenzlauer Berg
Abt. Genehmigungsangelegenh. Berlin, den 28. August 1987

BStU
000052

D i f f e r e n z i e r u n g

F R A N K , Ludwig

1. ÜSE
200563 4 17556 Dresden

2. PKZ:
Greifswalder Straße 88, Berlin, 1055

3. wohnhaft:
ledig

4. Familienstand:
22.9.1986

5. ÜE vom
Rat des Stadtbezirks Berlin – Prenzlauer Berg

6. an

7. Angaben zur Zielperson

Name:	Frank	Vorname:	Eberhardt
geb. am:	Dez. 1943	tätig als:	Chefarzt/Klinik Fulda
in:	nicht bekannt	wohnhaft	6400 Fulda Oberlogauer Str. 10

Verwandtschaftsverhältnis:
Onkel väterlicherseits (1984 übergesiedelt)

8. Art der Kontakte:
Postalisch

9. Motiv:
Neben der vordringlichen Begründung, daß er in seiner beruflichen Entwicklung auf seinem Fachgebiet keine Perspektive in der DDR hat, fehlt ihm die Reisefreiheit und berufliche Auslandsaufenthalte zur weiteren Qualifizierung.

10. Einschätzung der Persönlichkeit des Ersuchers:
F. tritt in seinem Gesamtverhalten hartnäckig im Sinne seiner ÜS-Betsrebunge n, selbstsicher, arrogant, überheblich und sehr von sich eingenommen auf. So glaubt er insbesondere, bereits alle Fähigkeiten auf beruflichem Gebiet zu besitzen, die ihm erfahrene, langjährig tätige Berufskollegen hier in der DDR vermitteln könnten, und nur im kapitalistischen Ausland weitere Anregungen für seine berufliche Weiterentwicklung finden zu können. Zw ischen dieser Einstellung und seinem ÜSE besteht ein direkter Kausalzusammenhang.
Der ÜS-Gedanke wird zusätzlich in starkem Maße durch intensive Rückverbindungen der übergesiedelten Zielperson zur Familie des F. stimuliert. Für den Fall eines negativen Bescheids zu seinem ÜSE drohte F. "...älle persönlichen Konsequenzen..." an.

F. hat zum gegenwärtigen Zeitpunkt sein gesamtes persönliches Leben a uf eine baldige ÜS eingestellt, für Bearbeitungsfristen und -zeiten zeigt er keinerlei Verständnis. Auch hier gilt für ihn die Zielperson als Vorbild. Der Onkel hatte 10 Jahre Aufenthaltsverbot für Berlin und hat sein Ziel letztlich doch erreicht. Das stimuliert F. in sehr starkem Maße.

-12259 KD

Berlin, 8. Juli 1988

PROTOKOLL
des Ablehnungsgespräches (Ablehnung aus Bestand)

Name:	F R A N K
Vorname:	Ludwig
PKZ:	200563 4 17556
whn:	Greifswalder Straße 88, Berlin, 1055
BE vom:	22.9.1986
Hauptmotiv:	Unzufriedenheiten mit seinem gesamten Dasein in der DDR. Insbesondere: Berufliche Entwicklungsmöglichkeiten, Reisefreiheiten u.ä.
Abl-gespräch:	8.7.1988, 15.00 - 15.15 Uhr
Anwesend:	Gen. Matzekat - MA-GA Gen. Redam - MA-GA Herr Frank - Ersucher

Gesprächsverlauf und Wertung hierzu:

Dem F. wurde eröffnet, daß sein Ersuchen auf Wohnsitzänderung nach der BRD gemäß einer "endgültigen staatlichen Entscheidung" abgelehnt ist. Begründet wurde diese Entscheidung mit fehlenden Voraussetzungen gemäß § 7 VO sowie mit gesellschaftlichen Interessen der DDR im Sinne § 8 VO. Darüber hinaus wurde verdeutlicht, daß auch eine Prüfung außerhalb der geltenden Rechtsvorschrift keine Notwendigkeit für die Erteilung einer solchen Genehmigung ergeben hätte.

Zur Entscheidung wurde eine Rechtsmittelbelehrung durchgeführt.

Der F. brachte reagierend zum Ausdruck, daß er mit einer ähnlichen Entscheidung gerechnet hätte. Er sagte weiterhin wörtlich: "Ein Akzeptieren und Respektieren der Ablehnung hat für mich nie zur Debatte gestanden".

Der F. brachte zum Ausdruck, daß er die Entscheidung nicht akzeptieren könne, da er sie als inhuman betrachte. Er hat Lebensvorstellungen in persönlicher und beruflicher Hinsicht, die er in der DDR nicht verwirklichen kann und wird deshalb nicht mit der Entscheidung identifizieren.

Gleichermaßen brachte der F. zum Ausdruck, daß er die Entscheidung auch nicht respektieren wird. Zunächst will er mit neuen Ersuchen - und sicherlich auch mit anderen schriftlichen Aktivitäten! - reagieren. Bringt ihm das keinen Erfolg, denkt er daran sein Arbeit aufzugeben, von Ersparnissen zu leben solange diese Reichen. Schließlich faßt er seine eigene Asozialisierung ins Auge; wörtlich: "...bis es aus ist".

Hinweise auf eventuelle öffentlichkeitswirksame, demonstrativ-provokatorische Aktivitäten gab es nicht. Der F. stellte lediglich einige Vergleiche zu den Vorkommnissen im Januar 1988 an, die dort beteiligten Personen schnell die Ausreise gebracht haben.

Das Verhalten des F. beim Gespräch gab keinerlei Anlaß zur Kritik.

Matzekat
Matzekat
MA-GA

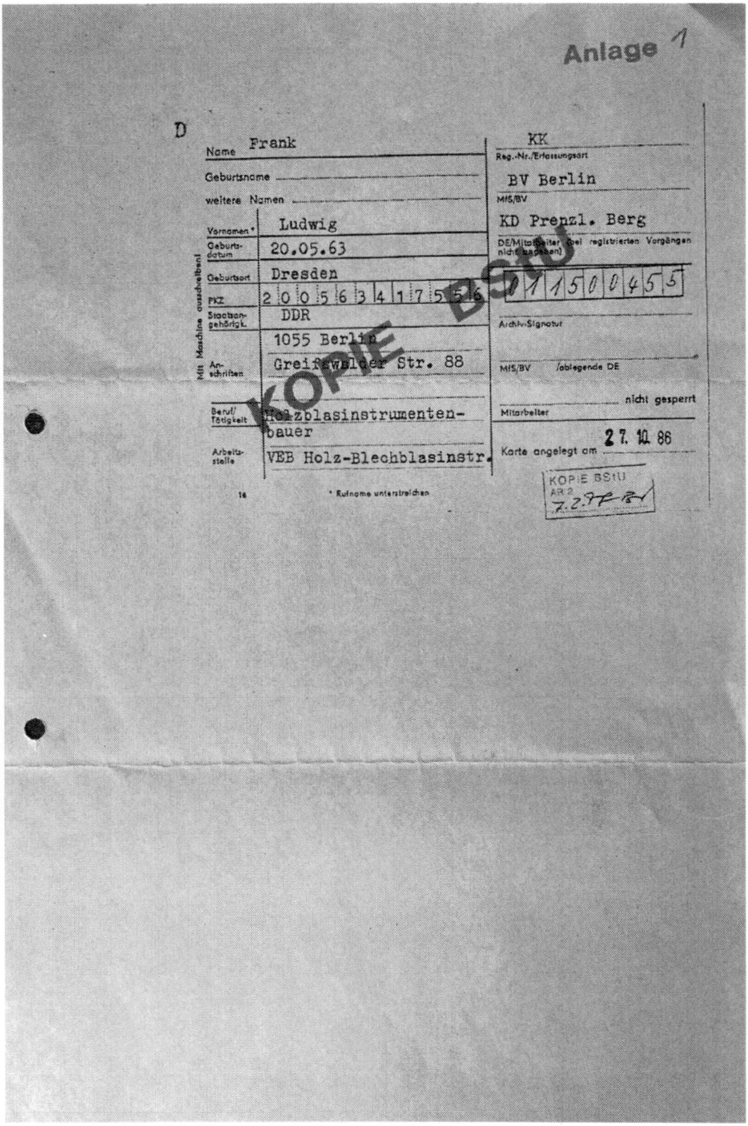

Anlage 1

D

Name Frank

Geburtsname

weitere Namen

Vornamen* Ludwig

Geburtsdatum 20.05.63

Geburtsort Dresden

PKZ 2 0 0 5 6 3 4 1 7 5 5 6

Staatsangehörigk. DDR

Anschriften 1055 Berlin
Greifswalder Str. 88

Beruf/Tätigkeit Holzblasinstrumentenbauer

Arbeitsstelle VEB Holz-Blechblasinstr.

Mit Maschine ausschreiben!

* Rufname unterstreichen

KK
Reg.-Nr./Erfassungsart

BV Berlin
MfS/BV

KD Prenzl. Berg
DE/Mitarbeiter (bei registrierten Vorgängen nicht ausfüllen)

0 1 1 5 0 0 4 5 5

Archiv-Signatur

MfS/BV /ablegende DE

nicht gesperrt
Mitarbeiter

Karte angelegt am 27. 10. 86

KD Prenzlauer Berg

Berlin, den 5. Mai 1989
krü-fo/33769/
ZA 12259

BStU
000068

Kurzauskunft

F r a n k , Ludwig
PKZ: 200563 4 1755 6 / Dresden
whft.: HW: Greifswalder Str. 88, Berlin, 1055
NW: Rudolf-Schuster-Str. 6, Markneukirchen, 9659
Fam.-Stand: ledig
Staatsbürgerschaft: DDR
Beruf: Holzblasinstrumentenbauer, Meisterabschluß
tätig: Verkäufer
Arbeitsstelle: Fa. Geilsdorf, Thälmannplatz, Markneukirchen, 9659
Vorstrafen: keine
Besitzverhältnisse: keine Wertgegenstände im Besitz
org.: bis 1983 FDGB (keine Funktion)
Abt. XII: erfaßt für KD Prenzlauer Berg

Der F. trat erstmalig 1986 mit einem OSE in die BRD in Erscheinung. Am 27. 2. 1989 stellte er einen Antrag auf ständige Ausreise zu seinem Onkel

F r a n k , Eberhard
whft.: 5300 Braunschweig, Brusterortweg 3

Der F. tritt in seinem Gesamtverhalten hartnäckig, selbstsicher, arrogant und sehr von sich eingenommen auf. So glaubt er, bereits alle Fähigkeiten auf beruflichen Gebiet zu besitzen, die er sich hier in der DDR aneignen kann und nur im kap. Ausland weitere Anregungen für seine berufliche Weiterentwicklung finden zu können. Diese Einstellung bestimmt stark sein Ausreisewunsch. Der Ausreisewunsch wird zusätzlich durch intensive Rückverbindungen zu ehem. DDR-Bürgern und durch ständige Reisen seiner Eltern gefördert.

Der Vater

F r a n k , Hans-Peter
geb. am 12. 08. 37

ist stellv. musikalischer Leiter des Berliner Sinfonieorchesters und als ständiger Gast Leiter des Sinfonie-Orchesters Helsingborg - Schweden.

Die Mutter

F r a n k , Renate
geb. am 23. 08. 35

ist als freischaffende Sängerin tätig.
Im Rahmen ihrer Tätigkeiten kommen die Eltern häufig im NSA zum Einsatz.

6.	5.5.89 14.25h	HA VI/OuT Gen. Günther (Tel.36695) 1. Lage 2. Tiko	**Vorkommnis mit für die KD erfaßte Person** Bei einem Besuch des SPD-Vorsitzenden Vogel am 05.05.89 in der Stadt Markneukirchen erhielt dieser auf dem Weg vom Musikinstrumentenmuseum zum PKW durch den DDR-Bürger F r a n k ,Ludwig 20 05 63 417556 Dresden HW: 1055 Bln. Greifswalder Str. 88 NW: 9659 Markneuenkirchen Rudolf-Schuster-Str. 06 einen Brief ausgehändigt. Zu einem Gespräch mit Vogel kam es nicht. Maßnahmen gegen F. wurden nicht eingeleitet.	1) VSH Überprüfung F. für KD KK erf ZA 12259 ÜV 9/86 2) stellv. Leiter KD Gen. Köhler info

000067

BStU
000071

Ministerium für Staatssicherheit
Hauptabteilung PS
Abteilung XI

Berlin, 2. Juni 1989
XI/AW/ 525 /89

VIS/GB
08 JUNI 1989
Tgb. Nr. 5585
Weiter an: 6

Bezirksverwaltung für
Staatssicherheit
KD Prenzlauer Berg
Leiter

B e r l i n

KD Pbg
nicht erf. KK
Erf.-Nr.
ZA 12259
AOP 9186

Operativ-Information Nr. 26/89

Entsprechend Ihres Informationsbedarfes zur Person

F r a n k, Ludwig
PKZ: 200563 4 1755 6
- erfaßt für Ihre Diensteinheit -

übersenden wir Ihnen nachfolgende Sachverhaltsinformation.

Während des Aufenthaltes des SPD-Fraktionsvorsitzenden Hans-Joachim Vogel am 5. Mai 1989 in Markneukirchen, Bezirk Karl-Marx-Stadt, trat gegen 12.36 Uhr der DDR-Bürger Frank, Ludwig an den SPD-Fraktionsvorsitzenden (nach dessen Besuch im Musikinstrumentenmuseum) heran und begrüßte ihn im "Namen der christlichen Gemeinde von Markneukirchen". Anschließend bedankte er sich bei Hans-Joachim Vogel für seinen Besuch in der Stadt und übergab einen Brief (Normalgröße, unbeschriftet, ca. 8 bis 10 cm stark). Der L. blieb den gesamten Weg bis zum Parkplatz, auf dem die Fahrzeuge abgestellt waren, in unmittelbarer Nähe von Hans-Joachim Vogel. Ein längeres Gespräch zwischen beiden fand nicht statt.

Rücksprachen können mit unserer Diensteinheit, Genossen Hauptmann Klugmann, Tel. 54 483, geführt werden.

Leiter der Abteilung
i.V.

Mehner
Oberstleutnant

Kopie BStU
AR 8

IN FREIHEIT!

Nicht, dass mein bisheriges Leben nicht schön gewesen wäre. Mit Westgeld ließ sich auch in der DDR ein ganz angenehmes Leben führen. Aber in Unfreiheit.

Bei meiner offiziellen Ausreise musste ich meinen Ausweis und alle Dokumente außer dem Führerschein abgeben und wurde offiziell aus der Staatsbürgerschaft der DDR entlassen. Für ein paar Tage war ich nun staatenlos. Ich ging nach Braunschweig zum Bruder meines Vaters, Eberhard, um nicht in ein Notaufnahmelager zu müssen. Mein Onkel und seine Familie empfingen mich außerordentlich herzlich und halfen mir bei den ersten Schritten in Freiheit.

Umgehend bewarb ich mich bei fast allen in Deutschland ansässigen Oboen-Herstellern. Auch bei Hans-Peter Springer. Ein Ein-Mann-Unternehmen in Pfaffenhofen. Springer baute damals für meinen Geschmack die klanglich schönsten Oboen der Welt. Aber leider kam er über den Status von Prototypen nie hinaus. Mechanik, Intonation und Ausgeglichenheit waren wirklich kritisch. Er war ein einsames, chaotisches Genie, brachte nie etwas zu Ende und konnte niemanden einstellen. Trotz der generösen Unterstützung durch den Babynahrungshersteller Claus Hipp, der selbst gut Oboe spielte, war Springer chronisch pleite.

Mein größter Wunsch war es aber, beim damaligen Marktführer für Oboen zu arbeiten, bei Marigaux. Da ich jedoch bis heute kein Wort Französisch spreche, schien dies unmöglich. Wieder kam mir das Schicksal zu Hilfe. Denn genau zu dieser Zeit hatte Marigaux einen deutschen Eigentümer, die Firma Kreul in Tübingen.

Als ich dort vorsprach, sagte Joachim Kreul, ich könne als Meister und bei Ausstellungen als Kundenbetreuer anfangen. Ich würde für Marigaux arbeiten! Auf Deutsch! Joachim Kreul, der leider viel zu früh verstorben ist, war ein sehr freundlicher Mann – solange seine Frau nicht dabei war. Wir machten zusammen viele Ausstellungsreisen, besonders durch Ostdeutschland, wo ich fast jeden kannte.

Auch auf der Frankfurter Musikmesse durfte ich am Stand von Kreul-Marigaux die Kunden aus aller Welt kennenlernen und betreuen. Bei einem Besuch in Paris lernte ich den dortigen Geschäftsführer kennen, Grand Senior Monsieur Rilba. Ein kleiner, mandeläugiger Mann mit grauen Locken und immer mit einem Lächeln auf den Lippen. Er sprach zum Glück Englisch, war aber Franzose durch und durch. Zum Mittag gab es Rotwein und zum Dessert eine Zigarre und einen Cognac. Damals durfte man noch überall rauchen. Wie er dann nachmittags noch arbeiten konnte, war mir ein Rätsel. Wir verstanden uns auf Anhieb und waren bis zu seiner Pensionierung befreundet.

Eines Tages hatte ich bei Kreul-Marigaux eine Oboe vor mir, die ganz anders als alle anderen Kreul Oboen war. Sie war fast so dick wie eine Klarinette, hatte Silikonpolster und ein unglaubliches Spielgefühl. Diese Oboe war mit Kreul gestempelt, aber ganz sicher war sie keine von Kreul. Ich nahm an, dass es eine Springer Oboe war. Auf Nachfragen bekam ich keine Antwort, aber später stellte sich heraus, dass ich recht hatte. Herr Kreul stellte damals für den sich immer in Not befindenden Herrn Springer die Mechanik her. Als Bezahlung durfte er jede vierte Oboe behalten und sie mit seinem Namen stempeln.

Bei einer unserer ersten Ausstellungen in Berlin hatten wir Marigaux Oboen, Kreul Oboen, für die sich niemand interessierte, und eben diese Kreul-Spezial-Oboe dabei. Walter Weih, Solo-Oboist der Staatskapelle Berlin, war einer der Ersten, der sich in ein solches Instrument verliebte. Er spielte bis zum Ende seiner aktiven Karriere darauf. Später, als ich seine Oboe einmal überholte, fragte ich ihn, ob er überhaupt wisse, dass sein Instrument eigentlich eine Springer Oboe sei. Er wusste es nicht. Mit seinem Einverständnis entfernte ich den Kreul-Stempel und gravierte den Namen Springer ein.

Diese Instrumentenausstellungen waren extrem erfolgreich und für mich eine absolut neue Erfahrung. Die Reisen mit Herrn Kreul waren immer sehr intensiv und die Stimmung zwischen uns war äußerst gut. Wir wohnten nur in 5-Sterne-Hotels und ab und zu durfte ich sogar seinen 7er BMW fahren. Kathrin war inzwischen auch nach Tübingen gezogen. So wohnte ich das erste Mal in meinem Leben mit einer Freundin wirklich zusammen in einer Wohnung. Das war für mich eine Zeit, in der ich dachte, so mag es weitergehen.

JETZT ODER NIE: DIE ERSTE FIRMA

Kathrin hatte sofort eine Anstellung als Krankengymnastin in einer privaten Praxis in Tübingen gefunden. Auch in dieser Beziehung ging es uns sehr gut. Frisch verliebt und so viel spannendes Neues zu entdecken. Nur die Entfernung zu unseren Freunden und Eltern nach Berlin war sehr groß.

Das Exil im »Ländle« sollte nur anderthalb Jahre dauern. Denn nach ungefähr einem Jahr bei der Firma Kreul kippte die Stimmung mir gegenüber plötzlich. Herr Kreul war immer noch sehr nett zu mir, aber ich glaube, seiner Frau gefiel es nicht, dass ich viel Einfluss und Kontakte bekam. Von einem Tag auf den anderen durfte ich keine Ausstellungen mehr mitmachen. Wenn Kunden kamen, wurde ich weggeschickt. Es gab plötzlich Lohnabzüge wegen »mangelnder Qualität« und ich wurde immer öfter ins Büro von Frau Kreul einbestellt. Auf ihrem Schreibtisch stand das Schild »Präsidentin Helga Kreul«. Die Präsidentin wies mich deutlich darauf hin, dass ich im Kundenkontakt nichts mehr zu suchen hätte und meine Qualität zu wünschen übrig lasse. Sollte ich nicht ihren Anweisungen folgen, müsse ich mit einer Kündigung rechnen. Herr Kreul sagte nichts dergleichen. Er stand mir aber auch nicht bei.

So vergingen einige Monate und meine Stimmung wurde immer schlechter. Eines Tages hielt ich es nicht mehr aus und ging ins Büro der Chefin und sagte ihr, wenn meine Arbeit so schlecht sei, solle sie mich kündigen. »Das könnte Ihnen so passen, erst aus dem Osten kommen und dann noch Arbeitslosengeld verlangen«, sagte sie schmallippig. Mit einer solchen Reaktion hatte ich gerechnet. Ich zog meine eigene Kündigung aus der Tasche, legte sie auf ihren Schreibtisch, drehte mich um und ging. Für immer.

Es fiel eine große Last von meiner Seele. Diesen Zustand bei Kreul hätte ich keinen Monat länger ausgehalten. Doch nun hatte ich keine Arbeit und bekam, da ich selbst gekündigt hatte, auch kein Geld. Mein Entschluss stand sehr schnell fest: Ich würde mich selbstständig machen. Jetzt oder nie! Mein eigener Chef sein und hoffentlich bald meine eigenen Instrumente bauen. Und es gab nur einen Ort, wo das geschehen konnte: Berlin.

Die Wiedervereinigung war vollzogen und so gab es keinen Grund mehr, nicht wieder Richtung Berlin zu gehen. Kathrin war sehr verständnisvoll, hatte sie doch meinen seelischen Verfall jeden Tag beobachten können. Trotzdem war die Situation für sie alles andere als angenehm, schließlich war sie erst ein Jahr vorher meinetwegen nach Tübingen gekommen. Sie musste vorerst dortbleiben, alleine, da zumindest einer etwas Geld verdienen musste und wir keine Wohnung in Berlin hatten. Ich selbst zog erst einmal wieder bei meinen Eltern ein. Keine leichte Sache, mit fast 30 zurück ins Kinderzimmer zu ziehen. Die Wohnungssuche gestaltete sich im Nachwende-Berlin mindestens so schwierig wie heute.

Es gab noch die kommunalen Wohnungsverwaltungen im ehemaligen Ostberlin. Dort rechnete ich mir die größten Chancen aus. In der Wohnungsverwaltung Mitte, ein Schild verwies mich auf den 6. Stock, bestieg ich den Fahrstuhl. Mit mir stieg ein mittelalter Mann im Blaumann ein. Die Türen schlossen sich, ich sah den anderen genauer an und wusste sofort, dass ich ihn kannte. Es dauerte ein paar Sekunden, bis mir klar wurde, dass er der Stasi-Mann war, der mich in der Abteilung Inneres vernommen hatte. Er erkannte mich auch, drückte sofort die nächste Etage und bevor ich etwas sagen konnte, war er verschwunden. Das war also einer dieser Orte, an die sich die mittleren Schergen der Stasi in die neue Zeit gerettet hatten und hofften, unerkannt zu bleiben.

Aus all den Antragstellungen auf Zuweisung einer Wohnung wurde weder hier noch andernorts etwas. Mit meinen Freunden sprach ich über mein Vorhaben, mich selbstständig zu machen. Es war Anfang März 1991. Ein bisschen Bammel hatte ich schon, denn meine Betriebswirtschaftslehre und all die anderen Fächer, deren Unentbehrlichkeit mir in der Berufsschule zum Meister immer wieder gepredigt worden war, waren aus dem Osten.

Einer meiner Freunde, Frank Meyer, studierter Musiker und zwei Jahre vor mir ausgereist, schlug auf einmal vor, dass wir uns zusammen selbstständig machen sollten. Handel und Meisterwerkstatt für Holzblasinstrumente. Er war zu dieser Zeit freischaffender Musiker und Lehrer an einer Musikschule in Wilmersdorf. Die Lehrerstelle würde er sofort aufgeben und die Auftritte als Musiker so weit reduzieren, dass er Vollzeit mit im Geschäft sein könnte. Diese Idee gefiel mir. Wir hatten vom Geschäft im Westen beide keine Ahnung. Aber davon sehr viel.

Noch im März fuhren wir auf die Frankfurter Musikmesse. Wir hatten uns eine Visitenkarte mit dem Aufdruck »Die Oboe« und der Festnetznummer von Frank machen lassen, ohne Adresse und ohne unsere Namen. Damit wollten wir erste Kontakte zu Herstellern von Instrumenten, Zubehör und vor allem Werkstattbedarf knüpfen. Die Händlertage der Musikmesse waren, wie der Name schon sagt, Händlern vorbehalten. Mit viel gutem Zureden verschaffte uns unsere Fantasievisitenkarte dort Zutritt. Auch von den meisten Herstellern bekamen wir Informationen und manchmal sogar Händlerpreislisten. Sobald wir unser Geschäft eröffnet hätten, sollten wir uns melden. Wir waren mächtig stolz auf unseren ersten kleinen Erfolg.

Am Stand von Kreul-Marigaux sagte ich artig Guten Tag und unterhielt mich mit Monsieur Rilba. Meine Kündigung war gerade zwei Wochen her und ich traute mich noch nicht, nach Belieferung und Preislisten für Händler zu fragen. Als ich dies später, nach der Eröffnung unseres Geschäfts, ganz förmlich tat, wurde ich von Frau Kreul abgewiesen. Man könne mich nicht beliefern, es gebe keinen Bedarf an einem zusätzlichen Marigaux-Händler.

Ein Jahr später sagte mir Monsieur Rilba auf der Messe in Frankfurt in einem konspirativen Gespräch eine direkte Belieferung aus Paris zu. Sozusagen hinter dem Rücken der Eigentümer Kreul, die die exklusive Belieferung aller Händler über Tübingen laufen ließen. Was für ein großer Erfolg! Kreuls haben es niemals geschafft oder auch nur probiert, dagegen etwas zu unternehmen. Ich war nun der einzige Händler in Deutschland, der direkt von Marigaux aus Paris beliefert wurde.

Doch zurück in den März 1991. Wir hatten weder einen Laden noch hatte ich eine Wohnung. Wir schauten uns endlos Ladengeschäfte an. Sie waren entweder in einem ruinösen Zustand oder man wollte dort mit Musik nichts zu tun haben.

Im April begegneten wir dann einem Selfmade-Millionär, seines Zeichens Bauunternehmer und Immobilienbesitzer. Er fand unsere Idee prima und wunderbarerweise hatte er im Wedding in der Eulerstraße gerade einen Altbau saniert und die ehemaligen Ladenräume zu einer Wohnung umgebaut. Kurz vor Abschluss der Arbeiten wandelte er sie für uns wieder in Ladenräume um.

Natürlich nicht, ohne vorher mit uns einen Zehnjahresvertrag ausgehandelt zu haben, dessen Miete mit stolzen 3.000 D-Mark startete. Für achtzig Quadratmeter, aber frisch renoviert. Drei Monatsmieten Kaution waren auch fällig. Jeder von uns hatte 10.000 D-Mark als Startkapital eingebracht, knapp die Hälfte war nun schon weg. Das Schicksal meinte es wieder gut mit mir, denn eine Wohnung für Kathrin und mich bekamen wir durch ihn auch gleich noch.

AUF GEHTS

So wichtig wie Ladenräume ist für ein Geschäft ein Konto. So ging ich in Berlin zu einer Filiale der Dresdner Bank, bei der ich als gebürtiger Dresdner mein Privatkonto unterhielt. »Was wollen Sie machen? Musikinstrumente?«, fragte der Banker fassungslos. Ein Geschäftskonto für uns würde nur auf Guthabenbasis gehen. Bei einer Videothek oder Ähnlichem sei das etwas anderes. Aber Musikinstrumente? Er zweifelte stark daran, dass wir mit »so etwas« Geld verdienen könnten. So machten wir unsere Erfahrungen.

Doch am 1. Mai 1991 war es dann so weit: Eröffnung. Nur drei Monate nach meiner Kündigung in Tübingen. Vor der Tür spielte bei herrlichstem Sonnenschein »Papa Binnes Jazz Band«. Es kamen Freunde, Verwandte und – am wichtigsten – die zukünftigen Kunden.

Wir hatten fast nichts in den Vitrinen, da unser Geld für Kaution, Einrichtung und Werkstatt fast völlig aufgebraucht war. Trotzdem hofften wir, die Leute mit unserem Optimismus begeistern zu können. Immerhin war mein Name als Reparateur in weiten Teilen der Oboen- und Fagottwelt bekannt. Würde das ausreichen, um die Kosten zu decken und vielleicht noch etwas übrig zu haben? Wir glaubten fest daran!

Einer unserer allerersten Kunden kam am zweiten oder dritten Tag in die Werkstatt, Günther Zorn, Solo-Oboist des SFB (heute DSO). Er hatte als einer der ganz wenigen eine der ersten Springer Oboen erstanden und bastelte unaufhörlich daran herum. In meiner Werkstatt wollte er am liebsten alles selber machen. Er war ein sehr netter, etwas nervöser Mann, der unbedingt den Klang, speziell auf dem mittleren c", so rund wie möglich bekommen wollte. Einmal hatte er mitten in einem Konzert die Mechanik seiner

Oboe teilweise abgebaut und an einem Tonloch etwas verändert. So lange musste sein Kollege die Takte der Pause zählen, damit er seinen nächsten Einsatz nicht verpasste. Er war wieder dran, bevor er probieren konnte, ob seine Veränderung gut war. Er hatte Glück. Ich habe nie wieder jemanden kennengelernt, der so etwas gemacht hat. All diese Erfahrungen des Ausprobierens waren für mich Gold wert.

Die Anzahl der Kunden ließ im Mai und Juni des ersten Jahres sehr zu wünschen übrig. Wir legten jede Mark für Miete und Strom beiseite, es reichte trotzdem nicht einmal dafür. Dann kam zum Glück der Sommer. Sommer ist Überholungszeit. Wenn die Musiker in Urlaub fahren, hat der Instrumentenbauer Hochkonjunktur. Wir nahmen alles an, was zu uns kam. Erst mal egal was und egal, ob ich es schaffen konnte. Zur Not würde ich Tag und Nacht arbeiten.

Es kamen nicht nur Oboen, sondern auch Fagotte, Klarinetten, einige Saxofone und Querflöten. Die komplette Überholung hatte ich bisher nur für Oboen gemacht. Das durfte erstens natürlich keiner wissen und zweitens musste die Arbeit trotzdem perfekt sein, denn es handelte sich um die Instrumente von Profimusikern. Konnte ich das schaffen? Mir stand anfänglich sehr oft der Angstschweiß auf der Stirn. Zu dieser Zeit gab es noch keine Mobiltelefone, mit denen ich jeden Schritt mit einem Foto hätte dokumentieren können. So machte ich Skizzen und nummerierte alles sehr sorgfältig. In diesem ersten Sommer arbeitete ich wirklich fast Tag und Nacht. Alle weiteren neunundzwanzig Sommer allerdings auch. Das ahnte ich da aber noch nicht.

Der Ertrag war nicht schlecht. Als die Orchester alle Rechnungen bezahlt hatten, investierten wir das Geld sofort in den Einkauf der ersten Instrumente. In den ersten zwei Jahren haben wir keinen einzigen Pfennig für uns privat aus der Firma genommen, wir lebten ausschließlich vom Einkommen unserer Frauen.

Mitte September 1991 trat eine Flaute ein. Manchmal öffnete sich die Ladentür tagelang nicht. Wir begannen nun, bei den Musikschulen, Hochschulen und Orchestern Klinken zu putzen. Einer von uns fuhr immer von einer Institution zur nächsten und versuchte, Aufträge an Land zu ziehen.

Der Erfolg war anfänglich sehr übersichtlich, aber zumindest kannte man jetzt unsere Namen. Erschwerend kam hinzu, dass wir von einigen großen Herstellern noch nicht beliefert wurden. Yamaha zum Beispiel. Die Mitbewerber in der Stadt verhinderten das einige Jahre, um nicht zusätzliche Konkurrenz zu bekommen. Die Schüler-Querflöten und -Saxofone von Yamaha sind derart populär, dass man ohne diese Marke in dem Segment eigentlich nichts verkauft. Wir probierten es mit anderen Marken. Erfolglos.

Einige gute Geschäfte ergaben sich mit den damals noch in Berlin stationierten Alliierten, besonders den Russen und Amerikanern. Sie bestellten, wir hatten Zeit, die Dinge zu besorgen, manchmal auch über Zwischenhändler. Die Alliierten konnten ohne Mehrwertsteuer bezahlen. Dies bedeutete einen unglaublichen Papieraufwand für uns und natürlich auch alsbald die ersten Kontrollen vom Finanzamt.

Ein besonderes Schauspiel war es immer, wenn vor unserer Tür im Wedding ein russischer Wolga hielt und vier uniformierte russische Soldaten bei uns einmarschierten. Einer davon war Anatoli, Klarinettist in Wünsdorf bei der Russischen Armee. Für sich privat konnten die Musiker nichts kaufen, da sie keine D-Mark hatten. So bedeutete mir Anatoli bei seinem ersten Besuch, ihm zum Wolga zu folgen, dessen Kofferraum fast auf der Straße schliff. Er öffnete ihn und ich traute meinen Augen nicht: Der Kofferraum war randvoll mit Moskovskaya Wodka.

Ehe wir uns versahen, schleppten die uniformierten Russen kistenweise Wodka in unseren Laden. Die Passanten auf der Straße schauten dem Treiben ungläubig zu. Als der Wolga seine Last aus dem Kofferraum los war und wieder in der Waagrechten war, standen bei uns gut 60 Kisten Moskovskaya. Die Russen boten ihn uns zu einem Bruchteil des deutschen Preises an. Es wurde gefeilscht und gerechnet, am Ende hatten sie, was sie wollten. Wir verrechneten Blätter, Mundstücke und manchmal auch Instrumente. Und dann wussten wir nicht, was tun mit dem Wodka.

Zu dieser Zeit gab es in Berlin an fast jeder Ecke eine Kneipe. Ich zog los und verhökerte den Wodka zum halben Großhandelspreis. Dabei hatten wir immer noch 100 Prozent Gewinn. Der Wodka ging so schnell weg, dass ich bereits Bestellungen bekam. Eigentlich hatten wir ein Geschäft für Holzblasinstrumente, für ein paar Jahre nun mit angeschlossenem Wodka-Handel.

Jener Anatoli sollte einige Jahre später bei uns arbeiten. Erst musste er mit der Russischen Armee wieder nach Russland, dann kam er mit seiner Familie als russischer Spätaussiedler nach Deutschland zurück. 1999 bewarb er sich bei uns mit den Worten: »Ich mache alles.« Und er machte alles. Er unterrichtete Klarinette und Saxofon, machte Hilfsarbeiten, kümmerte sich um den Garten und das Haus unseres neuen Domizils in Pankow. Er war ein unglaublich netter Mann. Anatoli. Leider ist er mit Mitte 50 viel zu früh an Krebs gestorben.

HOCHZEIT UND HAUS

Silvester 91/92 hatte ich Kathrin einen Heiratsantrag gemacht. Die Hochzeit sollte im September stattfinden. Mit der Perspektive, vielleicht einmal ein Kind zu haben, erschien mir unsere schöne Kreuzberger Wohnung zu klein und vor allem auch zu teuer. So machte ich mich auf die Suche nach einem eigenen Haus. Lieber einen Kredit abbezahlen, als Miete zahlen, dachte ich mir.

Kathrin war sehr skeptisch, da wir ja alleine von ihrem Lohn lebten. Ich hingegen hielt den Zeitpunkt für absolut richtig. Wir waren schließlich jung und voller Elan. Nach kurzer Suche fand ich ein kleines Häuschen im südlichen Westberlin. Den Preis in den Anzeigen hielt ich für einen Druckfehler, so niedrig war er. Trotzdem rief ich an. Früh um 6 Uhr. Damit war ich tatsächlich der Erste und die sehr freundliche Frau, die abhob, sagte, sie werde uns als Erste besichtigen lassen. Wir änderten unsere Tagesplanung und fuhren hin, so schnell es ging.

Das Haus war sehr gepflegt, etwa hundert Quadratmeter, mit der Möglichkeit, es aufzustocken, und mit einem kleinen Garten. Absolut perfekt für uns. Der Preis aus der Zeitung war korrekt. Die Besitzer waren ein älteres Ehepaar, dessen Scheidung vor der Tür stand. Er hatte eine junge Freundin und die Noch-Ehefrau wollte, dass er nicht viel Geld bekam, mit dem er sich mit seiner Neuen ein schönes Leben machen konnte. Als wir dort waren, stritten die beiden und der Kaufpreis ging vor unseren Ohren sogar noch weiter nach unten. Wir mussten zuschlagen. Diese Gelegenheit war einmalig im damaligen Immobilienwahnsinn.

Also sagten wir ja, ohne überhaupt keine Ahnung zu haben, woher wir das Geld nehmen sollten. Die Zinsen waren zu jener Zeit bei zwölf Prozent und unser Eigenkapital gleich null. Bei unserer Hausbank, der Dresdner Bank, ließ man mich wieder einmal abblitzen. Eine Ecke weiter, bei der

Deutschen Bank, war man dann bereit, uns angesichts des Kaufpreises für das Haus eine hundertprozentige Finanzierung zu geben. Das Geld für Grunderwerbssteuer und Notar liehen wir von unseren Eltern. So konnten wir kurz vor unserer Hochzeit im September – auch weil Kathrin noch bis zum Abend vor der Hochzeit das Haus alleine tapeziert hatte – in unser eigenes Häuschen einziehen. Eigentlich gehörte es zwar der Bank, aber wir fühlten, es sei unseres. Es war eine tolle Hochzeit und wir glücklich und voller Enthusiasmus. Und bis über beide Ohren verliebt.

Auch geschäftlich wurden ein paar Weichen gestellt. So half ich Herrn Springer, wenigstens ein paar seiner Oboen fertig zu bekommen, und vermittelte ihm den Kontakt nach Markneukirchen zu der inzwischen reprivatisierten Firma Adler-Mönnig. Die beiden ehemaligen Betriebsteile Adler und Mönnig hatten sich nach der Wende zusammengeschlossen, um eine bessere Chance auf dem Markt zu haben. Sie waren so miteinander vernetzt, dass einer sowieso nicht ohne den anderen gekonnt hätte. Adler-Mönnig würde nun die Mechanik der Springer Oboen bauen und für uns hatte das den enormen Vorteil, dass wir endlich im Profibereich Oboe etwas zu verkaufen hatten.

Der damals ganz junge, neue Solo-Oboist der Staatskapelle Berlin, Gregor Witt, war einer der Ersten, der seine Springer Oboe bei uns kaufte. Er gab anschließend auch Feedback, wie sich das Instrument im Orchester verhielt und wo es zu verbessern war. So fing ich an, diese Instrumente weiterzuentwickeln. Und mit Gregors Hilfe gelang dies immer besser. So spielte bald fast die ganze Oboengruppe der Staatskapelle Berlin diese nun schon meine Instrumente zu nennenden Oboen.

Doch eigentlich wollte ich unbedingt selbst neue Instrumente bauen. Ohne mindestens zehn Jahre abgelagertes Holz und etliche Maschinen und Spezialwerkzeuge ging das jedoch nicht. Wir kauften Holz für unsere zukünftigen Oboen, aber da es auf der ganzen Welt nur frisch geschlagenes Holz zu kaufen gibt, hieß es warten. Auf keinen Fall wollten wir den Fehler mancher sehr großer Hersteller machen, das Holz künstlich im Heißluftofen zu trocknen. Das erhöht die Wahrscheinlichkeit von Rissen und mindert die Haltbarkeit erheblich.

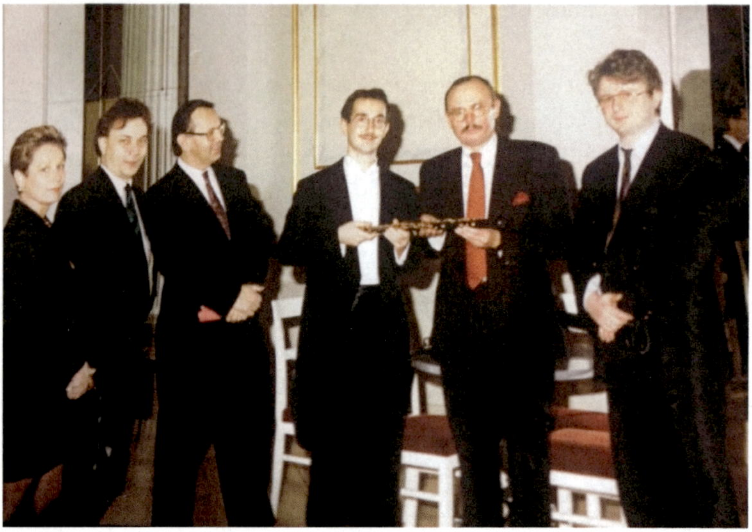

Mit Gregor Witt (4. v. l.) bei der Übergabe der ersten Ludwig-Frank-Oboe an die Staatskapelle Berlin, 1993

SCHULDEN BIS UNTERS DACH

Berlin ist der beste Ort der Welt für Instrumentenbauer. So tolle Orchester und Künstler befinden sich direkt vor der Haustür. Mit Gregor Witt, der seine erste Springer Oboe bei uns gekauft hatte, verbindet mich bis heute eine sehr enge Freundschaft und Zusammenarbeit. Er war wie ich auf der Händelschule und gewann 1992 sein Probespiel bei der Staatskapelle Berlin als erster von Daniel Barenboim eingestellter Musiker. Die gesamte Staatskapelle wohnte dem Probespiel bei und der Maestro saß mit einer dicken Zigarre ganz vorne und nahm das Programm ab. Gregor bestand, obwohl es für einen Bläser sicher nicht förderlich ist, wenn dicke Zigarrenschwaden die Luft schwängern.

Eines Tages klingelte kurz nach 19 Uhr in meiner Werkstatt das Telefon. Am anderen Ende der Leitung war Albrecht Mayer, in heller Verzweiflung. Dem neuen Solo-Oboisten der Berliner Philharmoniker waren kurz vor dem Konzert seine beiden Oboen in hohem Bogen aus seinem unverschlossenen Doppelkoffer auf den Boden gefallen und nun spielten sie keinen geraden Ton mehr. Er flehte mich an, sofort in die Philharmonie zu kommen. Das Konzert sollte um 20 Uhr beginnen.

Ich packte mein Notwerkzeug und fuhr unter Missachtung (fast) aller Verkehrsregeln in die Philharmonie, parkte mein Auto direkt vor dem Bühneneingang und stürmte hinein. Albrecht Mayer wartete schon ungeduldig. Eine der beiden Oboen konnte ich notdürftig spielbar machen: Durch radikales Biegen der Mechanik und einige Einstellungen gelang es mir, sie für das Konzert fit zu bekommen. Der Abend war gerettet. Die andere Oboe musste ich zur stationären Behandlung mit in meine Werkstatt nehmen.

Das war der Anfang einer bis heute anhaltenden Freundschaft. Albrecht Mayer spielte damals Buffet-Oboen. Das sollte sich erst sechzehn

Jahre später ändern. Er probierte es immer wieder mit mir, um dann zu sagen: »Sehr schöne Instrumente, wenn andere darauf spielen – aber nicht für mich.« Ich hörte genau zu, wenn er beschrieb, was er wollte, und versuchte zu verstehen. Es war ein sehr langer Prozess herauszufinden, wie es möglich sein könnte, ein Instrument für ihn zu bauen. Lange blieb das ein Traum von mir, doch eines Tages wurde er Wirklichkeit.

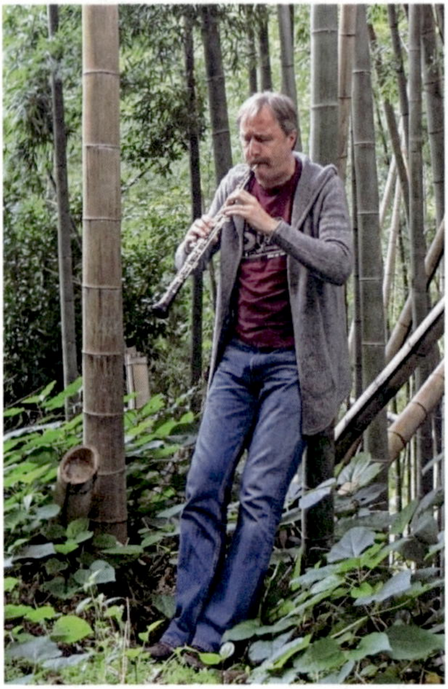

Star-Oboist Albrecht Mayer

Im zweiten Jahr unserer Selbstständigkeit bekamen wir einen Brief von Claus Hipp, dem Förderer und Finanzier von Hans-Peter Springer. Hipp teilte uns mit, dass der Oboenbauer endgültig zahlungsunfähig sei, und fragte, ob wir Interesse hätten, die Firma Springer zu übernehmen. Die Verbindlichkeiten von Herrn Springer beliefen sich auf insgesamt 450.000 D-Mark, verteilt auf das Finanzamt, Herrn Hipp und kleinere Gläubiger. Ich sah sofort die Chancen, die mit diesem Kauf verbunden waren: Ich hätte auf der Stelle Holz und sämtliche Werkzeuge und Maschinen, auch wenn diese sehr altertümlich waren. Endlich könnte ich nun Hersteller werden und anfangen, selbst Oboen zu bauen. Damit wären wir sicher die einzigen ehemaligen Ossis, die eine pleite gegangene West-Firma kauften.

Kathrin und ich waren mit unserem bescheidenen Girokonto zur Deutschen Bank gewechselt. Unser Laden war immer noch bei der Dresdner Bank. Also ging ich dorthin, schilderte unser Vorhaben, die Firma Springer für 450.000 D-Mark zu kaufen, und bat um Finanzierung. Es endete wie bei unserem Hauskauf: Nichts wollte man uns geben! Auch von unserer neuen Hausbank erhielt ich eine Absage.

Wir klapperten ein Dutzend Banken und Sparkassen ab – immer das Gleiche: Absage. Aber wir blieben hartnäckig und fragten weiter und weiter. Es war DIE Chance für uns. In einer Filiale der Deutschen Bank im tiefsten Wedding wurden wir bis zum Filialleiter vorgelassen und ich trug ihm mit großer Euphorie unser Vorhaben vor. Er fing an zu überlegen und Fragen zu stellen. Am Ende stimmte er zu: »Jungs, die Idee gefällt mir, ich habe ein Abo bei den Philharmonikern und ich möchte euch helfen. Ihr bekommt 300.000 D-Mark. Den Rest müsst ihr privat auftreiben.« Für den Kredit wollte er einen Businessplan von uns. Das Wort Businessplan hatte ich bis dahin noch nie gehört. Ich schrieb handschriftlich auf einer DIN-A4-Seite unsere hochgerechneten Kosten und Erlöse auf. Und was soll ich sagen? Nach ein paar kleinen Korrekturen akzeptierte er.

Nun fehlten noch 150.000 D-Mark. Zwei Freunde gaben uns je die Hälfte, für einen Zinssatz von 7,5 Prozent und mit einer monatlichen Rückzahlung über sieben Jahre. Der Deal war perfekt. Wir hatten jetzt zwar Schulden bis unters Dach, aber wir waren Hersteller! Nun konnte ich endlich meinen Traum leben und meine Vorstellungen zusammen mit den besten Musikern umsetzen. Mir ging und geht es bei Oboen um Klang, Dynamik, Ausgeglichenheit und Flexibilität. Lauter Dinge, die man nicht messen kann und die am Ende auch Geschmackssache sind.

1993 flog ich zur Instrumentenausstellung in die USA. Der Flug ging über Paris und viele Kollegen von den großen, weltbekannten Firmen stiegen dort zu. Als sie hörten, dass ich nur zwei Instrumente dabeihatte, klopften sie mir aufmunternd auf die Schulter. »Das wird schon!«

Heute sind oft sehr viel Respekt und auch ein bisschen Argwohn dabei, wenn sie auf unsere Weltklasse-Oboen schauen und darauf, wer sie alles spielt. »Seid mal entspannt«, sage ich dann. »Ihr macht 1.000 Oboen im Jahr, ich gerade mal 50.«

Nach sehr kurzer Zeit hatte die Mehrzahl der Oboengruppe der Staatskapelle Berlin bereits Instrumente von mir: Gregor Witt, Walter Weih, Dieter Wagner, Gerd-Albrecht Kleinfeld und Peter Ulrich! Daniel Barenboim, damals Generalmusikdirektor der Staatskapelle, war ebenfalls begeistert vom Klang der Instrumente und schrieb mir einen persönlichen Brief. Die Richtung, in die ich arbeitete, war also richtig. Aber mein Ziel lag noch weit am Horizont: eine breite Akzeptanz und Augenhöhe mit dem Marktführer Marigaux.

Eines Tages kam Günther Passin in unseren Laden. Er war Solo-Oboist des SFB und Professor an der Hochschule in München, ein begnadeter Oboist mit einem zauberhaften Ton. Ich wusste, er würde perfekt zu einer Oboe von mir passen, und fragte ihn, ob er eine probieren wollte. Ja, im Prinzip gerne, sagte er, aber nur zu Hause in seiner gewohnten Umgebung und Akustik. Das verstand ich und gab ihm mein schönstes Instrument mit. Ich war sehr aufgeregt, neugierig und nervös.

Nach einer Woche brachte mir einer seiner Studenten das Instrument zurück, zusammen mit einem vierseitigen, handgeschriebenen Brief. Günther Passin beschrieb darin ausführlich seine Eindrücke von der Oboe und vor allem seine Kritik. Der letzte Satz war: »Das Beste an dem Instrument ist das Etui.« Das war niederschmetternd!

Es war aber nicht so, dass er das Instrument schlecht gemacht hätte. Er schrieb sehr fundiert, was ihm fehlte. Nun gab es genau zwei Möglichkeiten: aufgeben oder diese Herausforderung annehmen. Als ich mich von dem Schock erholt hatte, entschied ich mich für die zweite Möglichkeit. Im Laufe der Jahre gab es noch viele Tests mit ihm.

Etwa zur gleichen Zeit lernte ich Fumiaki Miyamoto kennen. Damals war er Solo-Oboist beim WDR in Köln und, man kann es nicht anders sagen, in Japan ein Superstar auf der Oboe. »Am liebsten würde ich Sie dafür bezahlen, dass Sie für niemanden anderes Oboen bauen, nur für mich«, sagte er. »Aber eine Rolex verkauft man auch nicht in einer Pappschachtel.« Ich sollte unbedingt ein besseres Etui für ihn bauen. So verschieden ist bei Künstlern oft der Blick auf ein und dasselbe Instrument. Fumiaki rollte mir in Japan den roten Teppich aus mit seiner Bekanntheit. Wieder einmal Schicksal.

DAS GESCHÄFT ENTWICKELT SICH PRÄCHTIG

Zwölf Jahre später war es so weit: Günther Passin entschied sich für eine Ludwig Frank Oboe und spielte sie bis zum Ende seiner Karriere. Dieses Mal war das nicht Schicksal, sondern harte Arbeit, Kritikfähigkeit und Ausdauer. Wenn ich gefragt werde, was mich von anderen Instrumentenbauern unterscheidet, so antworte ich stets: »Ich bin sicher nicht der Beste, aber wahrscheinlich der Kritikfähigste und der Einzige, der den Instrumentenbau von der Musik her betrachtet und nicht von technischen Zeichnungen.« Ich weiß, dass die Künstler Instrumente wollen, die zu ihnen passen. Damit das gelingt, lasse ich die Menschen ganz nah an mich heran, denn nur dadurch gibt es gute Instrumente.

Mitte der Neunzigerjahre lernte ich Ingo Goritzki kennen. Er war Professor für Oboe an der Hochschule in Stuttgart und einer der bedeutendsten Lehrer und Musiker. Dieser unendlich freundliche Mann half mir nicht nur beim Instrumentenbau weiter, sondern bereicherte mich auch musikalisch sehr.

Sein musikalisches Leben war und ist so vielfältig. Unter Helmut Rilling brachte er hunderte Male Stücke von Bach mit der Stuttgarter Bachakademie auf die Bühne und mit demselben herausragenden Können spielte er den modernen Komponisten Isan Yun, den er persönlich kannte. Ingo Goritzkis musikalisches Wissen scheint schier unerschöpflich. Ich erlebte etliche Meisterkurse mit ihm in Deutschland und in vielen Ländern dieser Erde. Heute, mit 82 Jahren, unterrichtet er an der Universität von Seoul und gibt immer noch Meisterkurse bei uns. Ich bin froh und sehr stolz, Ingo zu meinen Freunden zählen zu dürfen.

Im Jahre 2005 hatte ich Recitals und Meisterkurse für Ingo in Taiwan organisiert. Ich fragte ihn ganz vorsichtig, ob er sich vorstellen könne, diese auf einer Oboe von mir zu spielen. Ohne zu zögern stimmte er zu. So lieh ich ihm ein Instrument, natürlich schon ein paar Wochen vorher, und hoffte, dass er damit zurechtkommen würde. Die Konzerte waren toll! Im Publikum sitzend lauschte ich seinem Spiel auf meinem Instrument. Auf solch eine Bühne hätte ich es als Oboist niemals geschafft, aber nun war zumindest ein Teil von mir dabei.

»Ludwig, es gibt ein Problem«, sagte Ingo auf dem Rückflug zu mir. Ich erschrak mächtig. Was war schiefgegangen? Er grinste: »Ich kann dir das Instrument leider nicht zurückgeben. Was kostet es?« So viel Glück durchströmte meinen ganzen Körper! Er spielte dieses Instrument mehr als zehn Jahre.

Während dieser Reise, die ich mit Ausstellungen meiner Instrumente begleitete, wurde Ingo sehr oft von Studenten nach seiner Meinung zu meinen Instrumenten gefragt und half ihnen, das Passende auszusuchen. So auch einer Studentin von Professor Jui Chi Chang, die eine neue Oboe d'amore wollte. Jui Chi ist meine älteste Freundin aus Taiwan, sie war es, die mich das erste Mal dorthin einlud. Ich bin ihr für alles, was sie all die Jahre für mich getan hat, bis heute unendlich dankbar.

Diese Studentin jedenfalls fand mit Ingo Goritzkis Hilfe ein neues Instrument und war sehr glücklich. Am Abend war sie auch da, als Goritzki sein Konzert gab. Er spielte in diesem Konzert Oboe, Oboe d'amore und Englisch Horn. Es war beeindruckend, mit welcher Musikalität er das Publikum fesselte. Am nächsten Morgen kam die Studentin weinend zu mir und zeigte in das Etui ihres neuen Instrumentes. Es war der neue Kasten, aber darin lag ein gebrauchtes Instrument. Ich wusste sofort, was passiert war: Ingo hatte ganz sicher nach dem Probieren das neue Instrument versehentlich in seinen Koffer getan und am Abend das Konzert darauf gespielt, ohne irgendwelche Schwierigkeiten. Ich ging zu Ingo – und tatsächlich fand ich dort das neue Instrument der Studentin. Es wurde getauscht und gelacht und alle waren glücklich. So besitzt diese junge Studentin bis heute ein Instrument, auf dem Ingo Goritzki ein Konzert gespielt hat.

ADLER-MÖNNIG

Springen wir zurück in die 90er-Jahre. Während sich unser Geschäft prächtig entwickelte, ging es der Firma Adler-Mönnig, in der ich gelernt hatte, schlechter und schlechter. Wir versuchten, so gut es ging zu helfen. Aber es war sehr, sehr schwierig. Die Ausgaben von Adler-Mönnig hatten sich nach der Wende und Reprivatisierung verdoppelt und verdreifacht. Die Qualität aber hatte sich keinen Millimeter bewegt und das Image war ebenfalls ramponiert. Zu Ostzeiten hatten sie billig in den Westen exportiert und recht gute Schülerinstrumente gebaut. Mangels Alternativen hatten auch die Profis in der DDR diese Instrumente spielen müssen – und um ihr großartiges Niveau in den Orchestern zu erreichen, vollbrachten sie wahre Kunststücke im Rohrbau. Jeder Profimusiker baut sich seine Mundstücke, die Rohre, selbst. Diese Rohre mussten sehr breit und schwer sein, um Tiefe in den Klang der Instrumente zu bekommen.

Vor dem Zweiten Weltkrieg und bis zur Zwangsverstaatlichung war die Firma Mönnig führend im Oboenbau gewesen – und fast auch im Fagottbau. Natürlich war und ist im Fagottbau die Firma Heckel das Maß der Dinge, aber zu jener Zeit war Mönnig ganz nah dran. Durch die Zwangsenteignung und den sozialistischen Einheitsbrei, durch Mangelwirtschaft und weil man in der DDR eingesperrt war, ging der Anschluss nicht nur verloren, es ging sogar bergab.

So war es der Firma nach der Wende mit den Instrumenten, die sich nicht wesentlich verändert hatten, nahezu unmöglich, Fuß zu fassen. Sie waren für professionelle Ansprüche einfach nicht gut genug. Die Firma kämpfte ums nackte Überleben. Mein großartiger Meister Klaus Mönnig war durch die DDR-Zeit fast aller Kundenkontakte beraubt worden, nach der Wende konnte er nicht mehr die Energie für einen wirklichen Neuanfang aufbringen. 85 Mitarbeiter, zwei völlig marode Firmengebäude, die meisten Maschinen und Werkzeuge aus der Vorkriegszeit. Gebaut wurden historische Oboen und Fagotte, Querflöten, Klarinetten sowie moderne Oboen und Fagotte. Ein Sammelsurium, das keiner überblicken konnte. Und das schon gar nicht auf das Niveau anderer Spitzenmarken der neuen Zeit zu bringen war.

Mir geisterten viele Ideen im Kopf herum, wie man das ändern könnte. Aber es würde nur eine Radikalkur helfen. Doch ich war kein Mitgesellschafter. Im Laufe der Jahre hatte ich meine Hilfe sehr oft angeboten, unter der Voraussetzung, dass ich als Gesellschafter auch mitbestimmen könnte. Das wurde leider ein ums andere Mal abgelehnt. So nahmen die Dinge ihren Lauf.

Am 15. eines jeden Monats war Lohntag bei Adler-Mönnig und jeder Händler wusste das. Wer am 10. etwas bestellte und sofort bezahlte, konnte den Preis gewaltig drücken. Minus und Minus macht aber in so einem Fall nicht Plus, sondern nur immer mehr Minus. Es kam, wie es kommen musste: Im Sommer 1999 zog die Sparkasse die Reißleine und verlangte einen neuen Investor oder die Liquidation. Ende August rief mich der damalige Geschäftsführer von Adler-Mönnig an und bat mich, sofort nach Markneukirchen zu kommen. Man wolle mit mir reden, es sei sehr ernst. Ich setzte mich sofort ins Auto und fuhr los. Während der Fahrt überlegte ich, was das bedeuten könne und was gegebenenfalls zu tun sei. Die Situation musste ausweglos sein, sonst würden sie mich nicht um Hilfe bitten. Vom tatsächlichen Ausmaß der Probleme hatte ich noch keine Ahnung.

Der Geschäftsführer sah schlecht aus, blass und auch sichtlich nervös. Nach kurzer Einleitung fragte er mich unvermittelt, ob ich die Firma übernehmen wolle. Keine Beteiligung, sondern die Übernahme. Das war weitaus mehr, als ich mir auf der Fahrt ins Vogtland vorgestellt hatte. Er gab mir zu verstehen, dass es das Ende sei, wenn nicht ein Neuer das Steuer übernehme.

Von GmbH-Recht und Bilanzen hatte ich keine Ahnung, ließ mir aber trotzdem die wichtigsten Zahlen und Unterlagen geben. Ich war erschüttert. Wie sich später herausstellen sollte, war das noch nicht einmal die halbe Wahrheit. Ich wollte die Firma, in der ich gelernt hatte, nicht sterben lassen und bat um Bedenkzeit. Sie gaben mir eine Woche, dann war Deadline.

Auf der Rückfahrt kreisten Unmengen von Zahlen durch meinen Kopf. Ich brauchte eine zündende Idee. Allein konnte ich es sicher nicht schaffen. Das Geschäft in Berlin und dann noch eines in Markneukirchen – unmöglich, ohne jemanden, der vor Ort im Vogtland präsent ist und die Dinge durchsetzt, die dringend zu tun sind. In Berlin angekommen erzählte ich abends meiner Frau Kathrin davon. Ein Jahr zuvor hatten wir unsere wunderbare Tochter Pauline bekommen und ich war ohnehin viel zu selten zu Hause. Kathrin zögerte keine Sekunde: »Wenn du das auch noch machst, lasse ich mich scheiden.« Um es vorwegzunehmen: Sie ließ sich nicht scheiden. Obwohl ich das Unmögliche schaffen wollte, ich konnte einfach nicht anders.

Am nächsten Tag erzählte ich meinem Geschäftspartner Frank Meyer, was ich erlebt hatte. Ohne ihn würde es definitiv nicht funktionieren. Er hörte sich alles an. »Wenn du dabei bist, mache ich mit.« Ein erster Schritt war getan. Doch wer würde unser dritter Mann in Markneukirchen vor Ort werden?

Und nun kam wieder das Schicksal ins Spiel. Es wollte nämlich, dass genau zu dieser Zeit unser Freund Veit Schindler eine neue berufliche Orientierung suchte. Er war bis dahin Außendienstmitarbeiter der Firma Selmer Paris gewesen, spielte Oboe und hatte ein sehr seriöses Auftreten. Weitere Pluspunkte: Er war Sachse und derzeit ohne Freundin. All das passte schon mal bestens.

Ich fragte ihn am Telefon, ob er Geschäftsführer und Mitinhaber eines mittelständischen Herstellers für Oboen, Fagotte und Klarinetten im Vogtland werden wolle. Einzige Bedingung: Ein Umzug nach Markneukirchen. Veit war wie ich gebürtiger Dresdner. Als Babys wohnten wir keine 500 Meter voneinander entfernt. Hätte es damals schon Panoramakinderwägen gegeben, hätten wir uns bestimmt gesehen. Veit war bereit, sich die Sache anzusehen. Vier Tage nach meinem ersten Besuch fuhr ich erneut ins Vogtland, zusammen mit Veit, den ich in Dresden eingesammelt hatte.

Er hatte einen schicken Anzug mit Schlips an, um den besten Eindruck zu machen.

Ich wusste inzwischen, wie schlimm es um die Firma stand. Veit wollte ich nicht belügen, aber wenn ich ihn ins Boot holen wollte, durfte er nicht alles auf einmal erfahren. Schon als wir das Büro des Geschäftsführers betraten, bemerkte ich Veits skeptische Blicke. Dieses Büro, in dem jeder rauchte, mit Gardinen von 1960, offensichtlich noch nie gewaschen, mit durchgesessenen Stühlen, einer karierten Tapete. Mit anderen Worten: Es hatte etwas von Endzeitstimmung. Seit ich 1979 dort angefangen hatte, hatte sich nichts verändert. Und vorher hat es bestimmt auch nie anders ausgesehen.

Veit blieb mit einem Schuh in einem Loch des Linoleumfußbodens hängen. Ihm war anzusehen, dass er sich mit seinem guten Anzug nicht auf einen der schmutzigen und völlig abgewetzten Stühle setzen wollte. Schließlich tat er es widerwillig doch. Er hatte ebenso wenig Ahnung von GmbH-Bilanzen wie ich, was sicher ein Glück war.

Der Geschäftsführer legte die Situation aus seiner Sicht dar und unterstrich erneut die Dringlichkeit einer Entscheidung unsererseits. Bei einem Firmenrundgang wurde Veits Erstaunen immer größer. Die undichten Fenster, eine Kohleschwerkraftheizung, die im Winter früh um 3.30 Uhr angeheizt werden musste, damit man arbeiten konnte. Einen Temperaturregler hatte diese prähistorische Heizung nicht. Es gab in der Werkstatt nur die Wahl zwischen kalt oder richtig heiß.

Das Plumpsklo war immerhin 1988 zu einem WC umgebaut worden. Das wurde tatsächlich und ernsthaft als Errungenschaft des Sozialismus gefeiert. Die meisten der Maschinen waren von vor dem Zweiten Weltkrieg. Es war ein Wunder, dass unter diesen Umständen überhaupt Instrumente gebaut werden konnten.

Die Betriebsteile der Firma Adler-Mönnig lagen zwei Kilometer auseinander. Dies brachte logistische Probleme mit sich. Ich sah, Veit wünschte sich weit weg von diesem Ort. Auf der Rückfahrt versuchte ich ihm mit Engelsgeduld die Machbarkeit meiner Ideen zu schildern. Als er in Dresden aus dem Wagen stieg, bat er um Bedenkzeit. »Du hast genau 24 Stunden!«, sagte ich.

Am darauffolgenden Tag klingelte unser Telefon und Veit sagte zu. Wie er später betonte, in völliger geistiger Umnachtung. Das Minus der Firma, jedenfalls das, von dem wir zu diesem Zeitpunkt wussten, betrug rund eine Million D-Mark. Kontokorrent am Anschlag, Krankenversicherungsbeiträge der Mitarbeiter über Monate nicht bezahlt, offene Rechnungen und so weiter. Die Gesellschafteranteile sollten wir den bisherigen Gesellschaftern zum Nominalwert abkaufen.

Meine Bedingungen für die Übernahme waren einfach: Ich wollte die absolute Oberhoheit beim Instrumentenbau. Änderungen nur nach Rücksprache mit mir. Keine Alleingänge. Kein »Das haben wir immer so gemacht«.

Die Familie Mönnig blieb mit fünfzehn Prozent Gesellschafter, die Mitarbeiterbeteiligung von zehn Prozent blieb bestehen. Die restlichen fünfundsiebzig Prozent sollten oder besser gesagt wollten wir drei übernehmen. Frank, Veit und ich. Wir setzten uns mit dem Hauptgläubiger, der Sparkasse Vogtland, in Verbindung und übernahmen persönlich die Haftung, damit es überhaupt weitergehen konnte. Denn die Auftragsbücher waren fast voll. Die Qualität der Instrumente war zwar nicht hoch, aber ihr niedriger Preis sehr attraktiv.

Ein Konzept musste her. Wir drei waren uns schnell darüber einig, dass der Querflötenbau und die historischen Holzblasinstrumente von Adler-Mönnig nicht überlebensfähig waren. Diese Abteilungen wurden geschlossen. Wir mussten uns auf den Kern konzentrieren. Oboe, Fagott, Klarinette. Einige Mitarbeiter verließen uns, weil sie es mir nicht zutrauten, die Firma zu retten. Andere mussten wir entlassen.

Nach relativ kurzer Zeit hatten wir zwanzig Mann weniger. Das entlastete das Lohnkonto schon erheblich. Für mehr, vor allem für ein neues Firmengebäude, in dem beide Betriebsteile unter einem Dach arbeiten konnten, brauchten wir einen hohen siebenstelligen Kredit. Inzwischen wusste ich, wie man einen Businessplan schreibt.

DIE HEILIGE HALLE DER KUNST

Wir hatten nun so viele Schulden, dass Banken und Sparkassen sich regelmäßig nach unserem Wohlergehen erkundigten und uns zum Geburtstag gratulierten. Bei der Suche nach einem neuen Firmensitz kam mir zugute, dass mich in Markneukirchen fast jeder kannte. Eines Nachmittags besuchte ich Marialotte, die Chefin des Lebensmittelgeschäfts, in dem ich einst Sauerkraut verkauft hatte. Wir plauderten in ihrem Büro, sie war begeistert, dass ich den Mut gehabt hatte, diese Entscheidung zu treffen. Sie rief den Bürgermeister der Stadt an. Keine halbe Stunde später war er da. Wir tranken ein paar Gläschen »Roß am Bach«, einen Kräuterlikör, der im Vogtland hergestellt wird, und schwelgten in alten Geschichten. Dann fragte Marialotte: »Sag mal, der Ludwig sucht für die Firma ein Haus. Hast du da nichts?« – »Freilich! Wir haben die Schustervilla. Die steht seit der Wende leer und gehört der Stadt.«

Obwohl es inzwischen dunkel war, gingen wir zum Rathaus, holten Schlüssel und eine Taschenlampe und machten uns auf den Weg zur Schustervilla. Eines der herrlichsten Häuser in Markneukirchen. Eine ehemalige Fabrikantenvilla auf einem Hügel mit Blick über das ganze Städtchen. Ich war

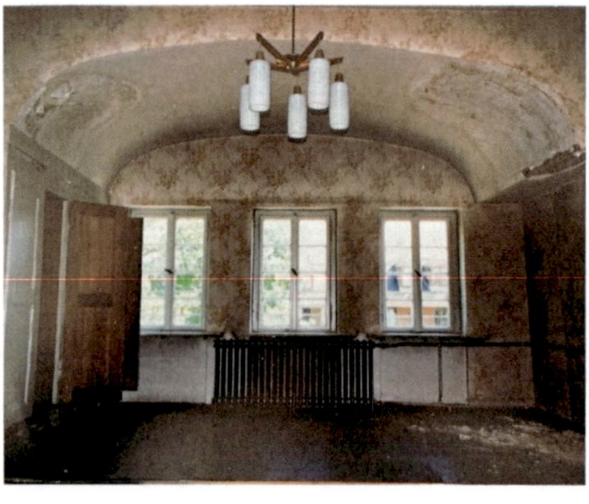

Morbider Charme: Das Firmengebäude der Firma Mönnig vor seiner Sanierung 1999

verzaubert. Im Gebäude waren die Untaten der DDR nicht zu übersehen. Man hatte aus dieser herrlichen Villa einen Kindergarten gemacht und dabei Fliesen auf das alte Parkett geklebt, die Kamine zugeschüttet und geschmacklose Farben und Tapeten an die Wände geklatscht. Seit der Wende war das Haus nicht mehr beheizt und es regnete bereits durchs Dach.

Trotzdem wusste ich sofort: Das ist es! Ich rief Veit, Frank und die Familie Mönnig noch von der Villa aus an. Am nächsten Tag kamen alle, um sich das anzusehen. Wilhelm Mönnig konnte sein Entsetzen nicht verbergen. In dieser dunklen Höhle sollten wir arbeiten? Der Platz würde niemals reichen. Das Haus hatte eine Wohnfläche von 1.200 Quadratmetern. Das war etwas weniger als die beiden alten Gebäude zusammen. Aber wir hatten ja auch das Programm gestrafft. So war ich mir sicher, dass es reichen würde. Das sahen meine beiden Mitinhaber genauso.

Die Schustervilla ist bis heute das schönste Haus der Stadt. Sie strahlt Charme aus und empfängt unsere Kunden mit der Aura einer heiligen Halle der Kunst. Ich sage immer: »Wer durch diese Tür, durch diese

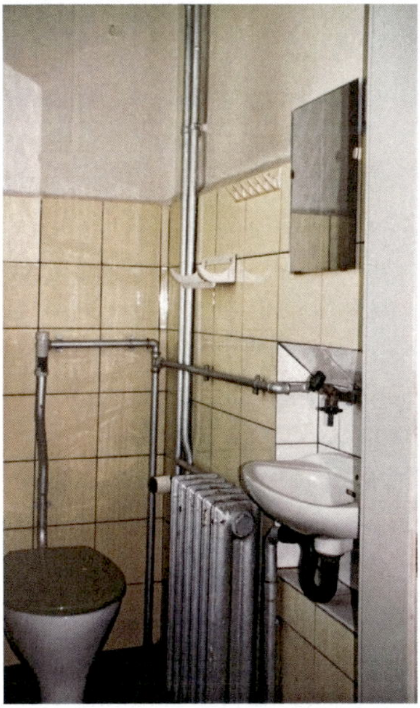

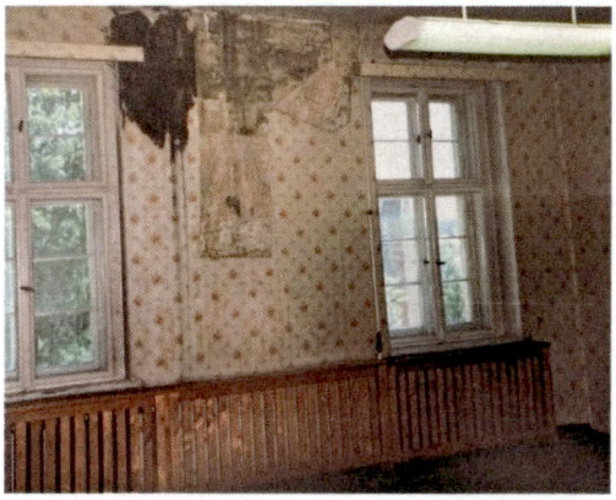

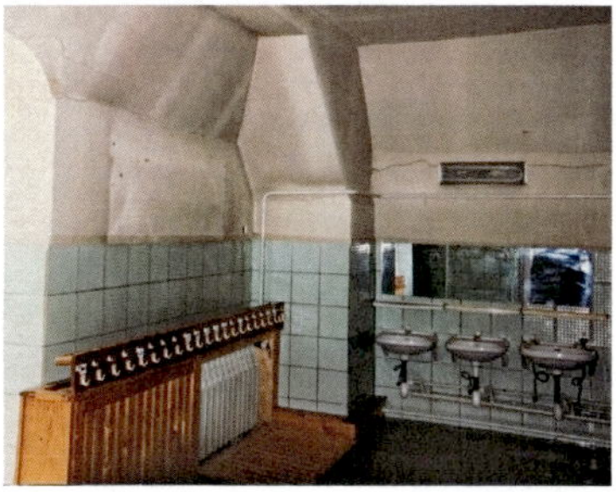

Empfangshalle kommt, wird ganz anders in unsere Instrumente blasen.« So ist es auch. Wir sind gut zu dem Haus und das Haus ist gut zu uns. Es gibt uns das und weit mehr zurück, was wir ihm erst einmal geben mussten.

Wir kauften der Stadt das Haus ab. Da es grundsaniert werden musste, hieß es erst mal fast zwei Jahre in dem maroden Gebäude weiterarbeiten. Und fast jeden Monat kamen neue Finanzlöcher ans Tageslicht. Der frühere Geschäftsführer hatte körbeweise Mahnungen und Rechnungen, die er nicht bezahlen konnte, ungeöffnet auf den Dachboden gestellt. Er hatte auch ein Grundstück im Industriegebiet für den Neubau einer Werkhalle gekauft. Immerhin war es bezahlt, kam aber für uns überhaupt nicht infrage.

Eines Tages kam ein Brief einer Baufirma aus Freiburg. Sie forderte 290.000 D-Mark Vertragsstrafe. Wir trauten unseren Augen nicht. Der Geschäftsführer hatte, wie wir nun erfuhren, einen Vertrag für den Neubau einer Werkhalle im Wert von 2,9 Millionen D-Mark unterschrieben, ohne auch nur eine Mark davon zu haben. Völlig zurecht forderte die Firma nun also die zehnprozentige Vertragsstrafe von uns.

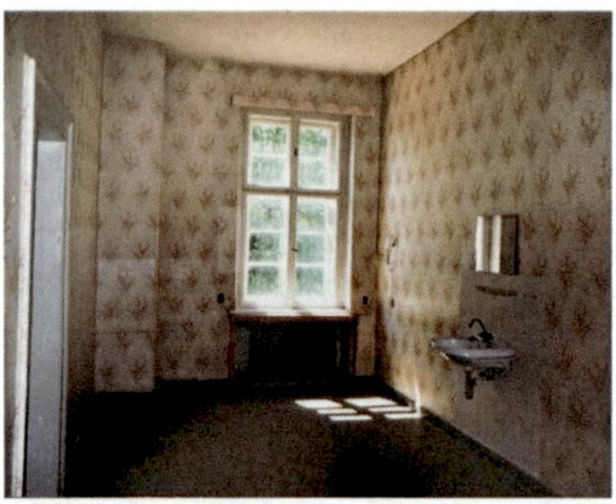

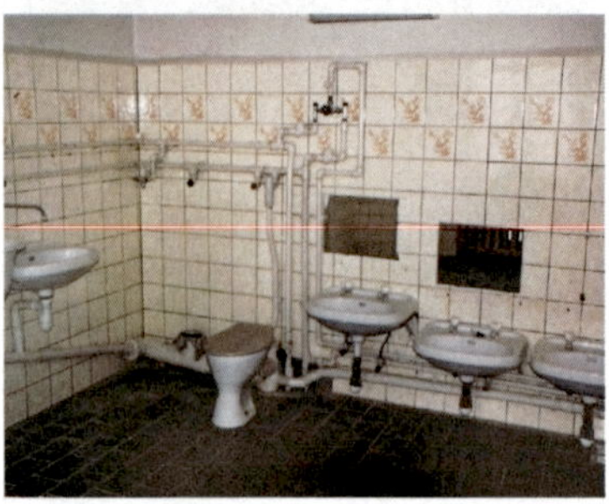

Das Firmengebäude der Firma Mönnig vor seiner Sanierung 1999

»Das ist das Ende«, sagte Veit. Ich dachte dasselbe, sagte es aber nicht. Für dieses Projekt hatte die Baufirma sehr viel Vorarbeit geleistet. Pläne waren fertig bis hin zur Anordnung der Arbeitsplätze. Unglaublich, obwohl nicht eine Rechnung bezahlt war. Die meisten lagen, wie auch die Mahnungen, in den Körben auf dem Dachboden. Einzige Chance: Ich musste den Chef dort persönlich sprechen. Er bot mir ein Treffen in Berlin an. Es war ihm klar, dass er gar nichts von dem Geld bekommen würde, wenn die Firma Mönnig pleite war. Er schien zu einem Kompromiss bereit. Aber hatte ich schon jemals mit dem Chef eines solchen Unternehmens verhandelt? Nein.

Frank und ich waren äußerst nervös. In unserer Not engagierten wir einen Anwalt, der bei den Verhandlungen dabei sein und im Notfall zu Hilfe eilen sollte. Aus Freiburg reisten drei Manager inklusive Chef an.

Meine Partner und ich hatten uns darauf geeinigt, dass alles über 100.000 D-Mark unmöglich war. Eigentlich auch schon das. Wie also verhandeln? Wäre das Angebot zu niedrig, könnte das eine Beleidigung sein und alles zerstören. Zu hoch ginge auf gar keinen Fall.

Wir sprachen über das Wetter und Gott und die Welt. Keiner wollte als Erster aus der Deckung kommen. Nach einer gefühlten Ewigkeit kam der Chef aufs eigentliche Thema und fragte, welche Summe wir uns denn vorstellten.

»80.000 D-Mark«, sagte ich. Er stand sofort auf und reichte mir und Frank die Hand. Da wusste ich: Scheiße, zu viel. Ich konnte gerade noch nachschieben: » ... in Raten bis zum Jahresende.« Auch damit war er einverstanden. Unseren Anwalt hatten wir für nichts bezahlt. Aber wir waren mit einem blauen Auge davongekommen. Diese 80.000 D-Mark waren ge-

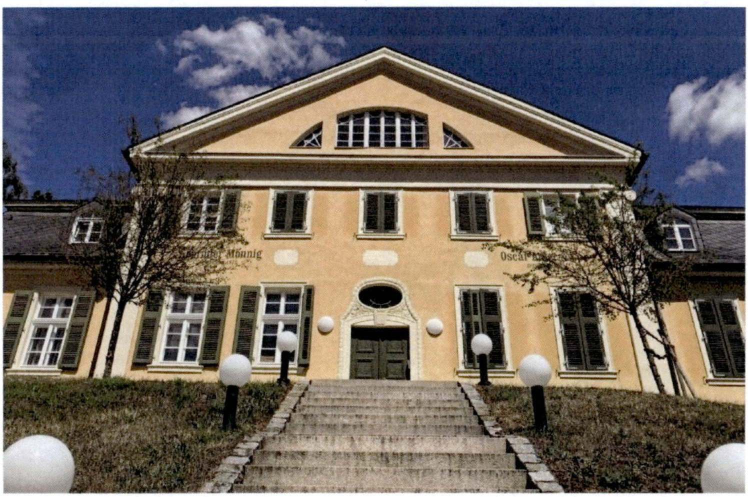

Das Firmengebäude erstrahlt nach der Sanierung in neuem Glanz, 1999

nau der Betrag, den uns die Stadt für die Rückabwicklung des Grundstücks im Industriegebiet anbot.

Die Verhandlungen hatten in unserem neuen Firmensitz in Pankow stattgefunden. Auch dieser befand sich in einer alten Villa. Sehr turbulente Zeiten, die Jahrtausendwende! Denn wir mussten uns nicht nur um die Lage in Markneukirchen kümmern, sondern auch unser Laden im Wedding war zu klein geworden. Auf der Suche nach größeren Räumlichkeiten waren wir auf das alte Pfarrhaus der Kirche in Pankow gestoßen. Da die Deutsche Bank inzwischen sehr großzügig zu mir war, kaufte ich das Haus. Wie die Schustervilla befand es sich in einem erbarmungswürdigen Zustand und musste grundsaniert werden.

Zu dieser Zeit rechnete ich meine Schulden schon lange nicht mehr zusammen. Darauf kam es nicht an. Jeder Kredit musste für sich funktionieren und sich finanzieren. Da spielt die Höhe eigentlich keine Rolle. Bis heute habe ich in dieser Beziehung ein glückliches Händchen. Auch investierte ich nur in Dinge, von denen ich wirklich etwas verstehe. Und: Ich habe sehr viel Glück im Leben gehabt – bis heute.

Doch Glück kommt auch nicht von alleine. Es kommt nur, wenn man es lässt. Am 1. Januar 2000 zog die Firma Frank & Meyer in das neue Haus.

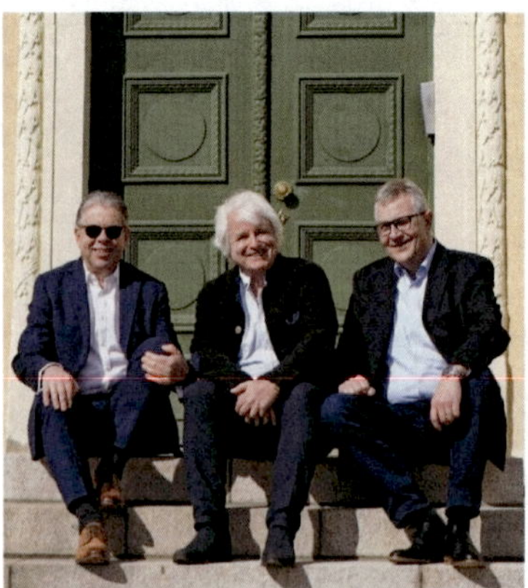

Ein dynamisches Trio: Frank Meyer, Ludwig Frank, Veit Schindler (v.l.n.r.)

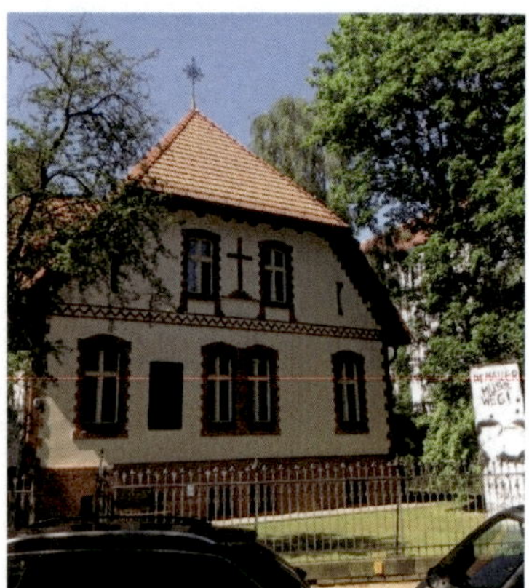

Firmensitz der Firma Frank und Meyer in Berlin Pankow

GEBR. MÖNNIG MODELL 180 UND MEHR

Ich machte mich an die Arbeit, für Markneukirchen neue Modelle zu entwickeln. Wichtig war es, im Profibereich wieder Fuß zu fassen. Mein wirkliches Ziel war aber auch hier, nicht nur dabei zu sein, sondern ganz oben, in den besten Orchestern der Welt, die Nummer eins zu werden.

Ein Englisch Horn hatte ich in meinem Kopf nahezu fertig. Ich wusste, dass die bisherigen Marktführer alle irgendwelche gravierenden Mängel hatten. Die einen rollten auf dem tiefen E und die anderen hatten eine grauenhafte Mechanik und Intonation. Die nächste Frankfurter Musikmesse würde Ende März 2000 sein. Bis dahin sollte das Horn fertig sein. Es klappte. Wir nahmen drei Stück meines neuen Modells Gebr. Mönnig Modell 180 mit und es wurde ein Triumph. Michael Höfele, Englisch Hornist beim Hessischen Rundfunk, Florian Hasel, Solo-Englisch-Hornist beim SWR, und Bernd Holz, Englisch Hornist des WDR, kauften die Instrumente vom Stand weg. Es brach ein regelrechter Boom aus, der bis heute andauert. Über Nacht hatten wir den ersten Bestseller in unserem Programm.

Dieser Coup sollte maßgeblich zur Konsolidierung der Firma Mönnig beitragen. Genug altes Holz hatten wir. Das stellte sich als ziemlich wertvoll für unsere Zukunft heraus. Holz muss mindestens zehn bis fünfzehn Jahre lagern, bevor daraus ein tolles Instrument werden kann. Das Allerwertvollste aber, das wir übernommen hatten, waren die Mitarbeiter mit ihrer Erfahrung, ihrem außerordentlichen handwerklichen Können und ihrem Enthusiasmus, mit uns etwas erreichen zu wollen. Ein Jahr später half mir Ingo Goritzki, eine neue Oboe d'amore zu entwickeln. Vermutlich hat keiner in seinem Leben mehr Oboe d'amore gespielt als er. Natürlich hatte er bereits ein solches Instrument, er fragte mich aber oft: »Ich habe so viele leise tiefe Töne verloren in meinem Leben, lässt sich das nicht ändern?«

Bald hatten wir ein ähnlich tolles Ergebnis wie beim Englisch Horn. Das Englisch Horn ist eine Quinte tiefer als die Oboe und hat einen ganz speziellen Klang, sehr satt und ein wenig knorrig. Die Oboe d'amore ist eine Terz tiefer als die Oboe, sie hat einen wunderschönen singenden Klang, den jeder sicher aus dem Weihnachtsoratorium von Bach kennt. Der Klang hat tatsächlich etwas mit Liebe zu tun. Von Englisch Horn über die d'amore zur Oboe zu kommen, bedeutet zwar, das Pferd von hinten aufzuzäumen, aber so war es nun einmal. Zudem konnte ich gelassen sein, denn mit meiner Oboe Ludwig Frank hatte ich schon eine Top-Oboe entwickelt.

Im Jahr 2001 zog die Firma Mönnig in Markneukirchen in ihre wunderbare Villa. Alle hatten Platz und waren sichtlich stolz auf ihren neuen Arbeitsplatz mit Aussicht. Es waren absolut turbulente Jahre. Die Ereignisse überschlugen sich förmlich. Noch vor kurzer Zeit hatten mich die meisten für völlig verrückt gehalten. Das änderte sich mit jedem Jahr dieser rasanten Entwicklung.

Im Bereich Fagott hatte ich das große Glück, die Legende Klaus Thunemann in Berlin vor meiner Haustür zu haben. Er war Professor für Fagott an der Hochschule für Musik »Hanns Eisler« Berlin. Thunemann ist der Fagott-Gott, wenn man das so sagen kann. Den Klang des Fagottes kennt sicher jeder: Es spielt die Melodie des Großvaters aus *Peter und der Wolf*.

Ich bat ihn, mir zu helfen, die Fagotte der Firma Mönnig wieder auf höchstes Niveau zu bringen. Er hatte nur eine Bedingung: Ich sollte bloß nicht einfach sein Heckel-Fagott kopieren. Das wollte ich sowieso nicht, eine Kopie bleibt immer eine Kopie. Ich wollte einen eigenen Charakter in meinem Fagott. Klaus Thunemann brachte etliche grandiose Fagottisten wie Frank Forst und Sergio Azzolini in meine Werkstatt. Sie alle waren seine Studenten gewesen.

Sergio war zu dieser Zeit so begeistert davon, dabei sein zu können, wie etwas Neues entstand, dass er beschloss, sein Solokonzert in der Berliner Philharmonie auf einem der Prototypen zu spielen, als sein eigenes Fagott größere Probleme hatte. Das neue Fagott war noch zu tief. Sergio ließ mich seinen S-Bogen um einen Zentimeter absägen. Auch die Intonation hatte noch Ecken und Kanten. Er beherrschte sie durch die Art seines Spiels. Ich war extrem nervös während des Konzertes, aber alles klappte perfekt. Als sich Sergio nach dem Konzert verbeugte, küsste er das Fagott. Mehr Glück geht nicht.

So ging es auch in der Firma Frank & Meyer weiter und weiter. In Berlin war der Dreh- und Angelpunkt und das Atelier für die Entwicklung der Instrumente. Es war Fügung, als Hersteller aus einer kleinen Stadt einen Standort im Zentrum der Kultur, in Berlin, zu haben.

Bald erwarb Frank Forst ein ganz besonderes Fagott aus unserer Mönnig-Fertigung. Es war aus speziell behandeltem Ahorn gebaut, sodass es kein Öl im Holz und keinen Lack brauchte. Dadurch ist es außerordentlich leicht und hat eine so unglaubliche Resonanz, dass Frank Forst dieses Fagott bis heute spielt. Bis zu unserem wirklichen Durchbruch auf dem Markt der Fagotte sollte es aber noch viele Jahre dauern – bis 2022.

Ingo Reuther, Solo-Fagottist der Staatskapelle Berlin, war der Erste, der ein solches Instrument in einem Spitzenorchester wirklich spielte. Durch die sehr intensive Zusammenarbeit mit Dag Jensen ist das Mönnig Fagott wieder eine echte Alternative im Highend-Bereich geworden.

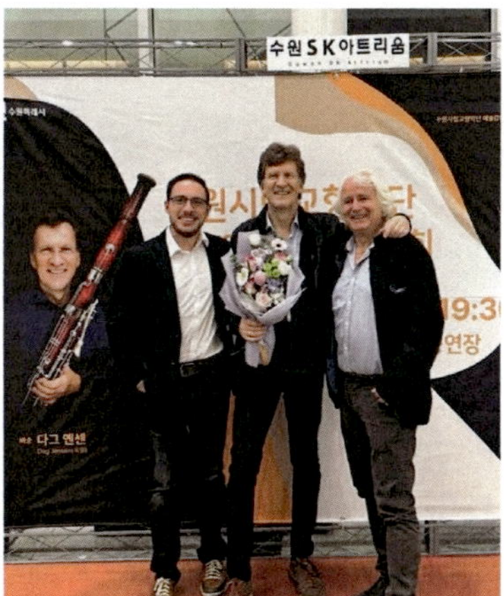

Fagottist Dag Jensen (M.) nach seinem triumphalen Weber-Konzert in Seoul, 2022 Links: Christian Gander, mein Nachfolger in Markneukirchen.

Frank und ich arbeiteten die ersten beiden Jahre als Geschäftsführer in Markneukirchen komplett ohne Gehalt. Wir wollten unter allen Umständen so schnell wie möglich aus den roten Zahlen kommen.

Außerdem hatten wir unser Auskommen in Berlin. Veit hingegen musste ein Honorar bekommen, wenn auch nur ein kleines, da er diesen Himmelfahrtsjob alternativlos ausübte. Wenn ich ihn nicht in weiser Voraussicht zur Mitinhaberschaft überredet hätte, wäre er wahrscheinlich nach spätestens sechs Monaten weggewesen. Unendliche Telefonate, in denen ich Veit psychologisch wiederaufbaute, waren an der Tagesordnung. Zwar begriff ich all unsere Rückschläge immer als Chance für etwas Neues, aber das musste den anderen erst mal so vermittelt werden. Heute, 22 Jahre später, können wir sagen, wir haben (fast) alles richtig gemacht.

DA WAR DOCH WAS. PRIVATLEBEN?

Ein Privatleben hatte ich so gut wie gar nicht mehr. Das tut mir im Nachhinein sehr leid. Kathrin interessierte sich wenig für klassische Musik und Musiker im Allgemeinen. Sie liebte es, bei der Familie zu sein und die Stille zu genießen. Das war auch für mich schön, mit meinen Schwiegereltern, die für mich echte Freunde sind, erlebten wir viel Gemeinsames. Aber eben immer nur dann, wenn ich mal zu Hause war. Oder im Urlaub. Höchstens drei Wochen im Jahr. Die restliche Zeit war ich mit der Musik und den beiden Firmen verheiratet.

Meine süße Tochter Pauline begann mit drei Jahren Klavier zu spielen und entdeckte zur gleichen Zeit ihr Interesse für Oper und Konzert. Sie sah und hörte meinen Vater noch live am Pult des Konzerthausorchesters Berlin. Wenn der eigene Opa am Pult eines solchen Orchesters steht und alle machen, was er sagt oder zeigt – das macht schon Eindruck! Nach einem Konzert im Kloster Chorin mit diesem Orchester rannte Pauline aus dem Publikum nach vorne und mein Vater hob sie mit auf die Bühne, als er sich verbeugte.

Meine Mutter tat alles, um ihr auch die Oper nahezubringen. Sie sang zu Hause mit ihrer wunderschönen Stimme die eine oder andere Arie aus *Hänsel und Gretel* oder der *Zauberflöte*. In der Staatsoper Unter den Linden gab es zu jener Zeit gekürzte Vorstellungen der *Zauberflöte* im Apollo-Saal. Mit gerade mal drei Jahren saß Pauline mit meiner Mutter in der ersten Reihe und sperrte ihre Augen und Ohren weit auf. Als Papageno seine Papagena fragte, wie alt sie sei und Papagena antwortete »Ich bin 18 Jahr und 2 Minuten«, stand Pauline von ihrem Stuhl auf und sagte laut und deutlich: »Und ich bin drei Jahre alt.« Die Vorstellung wurde unterbrochen. Alle lachten herzlich und Pauline bekam eine Ehrenkarte für die nächste Vorstellung.

Jahre später spielte sie in der großen Oper bei vielen Vorstellungen als Statistin eines der Kinder von Papageno und Papagena. Es machte ihr unglaublichen Spaß, im Kostüm und geschminkt vor vollem Haus auf der Bühne dabei zu sein.

Mit mir war Pauline mit dreieinhalb Jahren zum ersten Mal in der Deutschen Oper bei *Hänsel und Gretel*. Thielemann dirigierte diese tolle Musik herzerweichend. Wichtig war es natürlich, vorher ein schönes Kleid zu kaufen. Man kann ja schließlich nicht so in die Oper gehen! Pauline war von da an meine Begleitung in den Opernhäusern und Konzertsälen. Auch in Bayreuth waren wir zusammen.

Als sie sieben Jahre alt war, hörten wir dort *Parsifal*. Wieder mit Thielemann. Als die Oper zu Ende war, fragte Pauline traurig: »Was, schon vorbei?« Sie war restlos begeistert von Wagners Musik.

Wieder war vorher ein wunderschönes Kleid gekauft worden. Diesmal aus rosa Tüll. Sensationell. Als wir danach noch mit den Oboiten (so werden Oboisten in Bayreuth genannt) in der Kneipe saßen, wurde sie bewundert und gefragt, ob es ihr denn nicht langweilig gewesen wäre. »Nein!«, sagte sie entschieden, »und nächstes Jahr möchte ich *Siegfried* sehen.« Spätestens da waren sich alle sicher, ich hätte dem Kind Drogen gegeben.

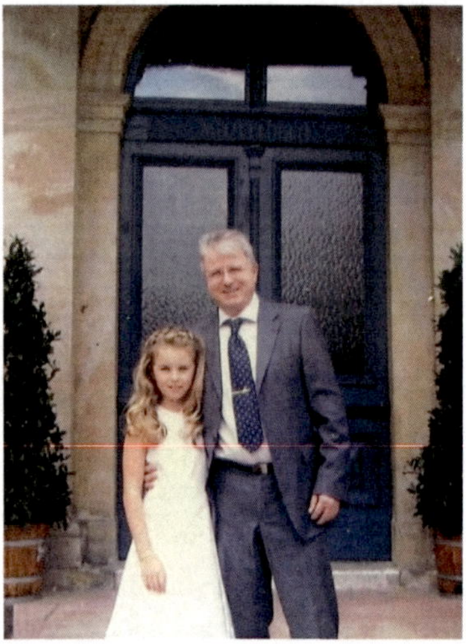

Mit meiner Tochter Pauline in Bayreuth, Tannhäuser (2004)

Pauline begleitete mich fast jedes Jahr auf eine meiner vielen Ausstellungsreisen in der ganzen Welt. So kam sie schon als Kind nach Japan, Korea, Taiwan, Brasilien und in die USA. Ich organisierte immer ein schönes Programm für sie, bei dem sie Studenten, die ich kannte, begleiteten. Als sie vierzehn war, erkundete sie alleine Tokio oder

Rio de Janeiro. Ich vertraute ihr und sie mir. Für mich war es ein Geschenk des Himmels, dass Pauline sich für klassische Musik so interessierte. Auch wenn ich auf diesen Reisen nie viel Freizeit hatte, konnten wir doch viele wunderbare Momente teilen.

Ihr Klavierspiel würde man nicht professionell nennen, aber sie hatte Ausstrahlung und ihre völlig eigenen Interpretationen. Einmal, sie war etwa acht Jahre alt, gab es in Riesa ein Konzert, mit meinem Vater auf dem Cembalo, Ingo Goritzki und seiner Frau Yeon Hee Kwak mit Oboen und den Streichern der Staatskapelle Dresden. Für die Zugabe hatte mein Vater die *Kleine Nachtmusik* von Mozart zu vier Händen arrangiert. Natürlich war auch hier ein neues Kleid vonnöten.

Um Paulines Nervosität etwas zu verringern, durfte sie während des gesamten Konzertes schon die Noten am Cembalo wenden. Kaum schlug sie dann die ersten Tasten an, war ihre Nervosität wie weggeblasen. Ein großer Moment. Das Publikum raste förmlich und war so begeistert, dass der Applaus den des eigentlichen Konzertes überstieg. Ingo Goritzki stand wie alle Musiker noch auf der Bühne. Er wandte sich ans Publikum mit den Worten: »Ich glaube, jeder kann sich vorstellen, wie lange es dauert, so etwas zu üben und dann ist es so schön, aber so schnell vorbei. Ich denke, wir sollten diese Zugabe noch einmal spielen.«

Pauline, der mit dem letzten Akkord ein Stein vom Herzen gefallen war, dass alles so gut geklappt hatte, stand wie versteinert da und wollte am liebsten verschwinden. Das ging aber nicht, das Publikum forderte da capo. So spielten noch einmal alle zusammen und es war wieder so schön. Dieser aus ihrer Sicht gemeine Vorfall grub sich tief in ihre kleine Kinderseele ein.

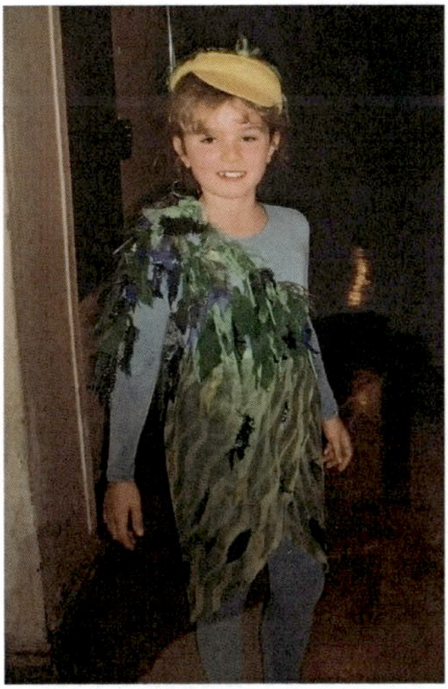

Pauline als Statistin in der Zauberflöte (2004)

Als wir viele Jahre später in Berlin in der Philharmonie der h-moll-Messe von Bach lauschten, ging Pauline zu Ingo, der erste Oboe und Oboe d'amore gespielt hatte. »Das war wirklich schön, aber so schnell vorbei, kannst du das nicht noch mal spielen?« Das war hinter der Bühne und hatte deshalb nicht den gleichen Effekt wie damals. Aber beide haben diese Episode bis heute nicht vergessen. Ingo schenkte ihr dann als Entschuldigung eine Lederhandtasche aus Korea zum Geburtstag.

Pauline hatte über zehn Jahre lang privaten Klavierunterricht. Erst beim Sohn von Anatoli, unserem wolgadeutschen Mitarbeiter, später bei Miri, der Frau meines besten Freundes. Privater Klavierunterricht hat viele Vorteile, aber auch Nachteile. So gibt es normalerweise keine Klassenvorspiele, bei denen jeder sein Können einmal präsentieren kann. Da Miri zahlreiche private Schüler hatte, kamen wir auf die Idee, zweimal im Jahr ein Vorspiel in meiner Firma in Pankow zu organisieren.

Es waren immer etwa zehn Schüler da und deren Eltern und Verwandte. Miri unterrichtete auch den Sohn von Sir Simon Rattle, also kam dieser ebenfalls zu einem der Vorspiele. Pauline spielte dieses Mal das Impromptus As-Dur von Franz Schubert. Als sie Rattle im Publikum entdeckte, stieg ihre Nervosität erheblich. Aber wieder verflog sie mit dem ersten Akkord und Pauline spielte dieses wunderbare Stück mit so viel Gefühl und Intensität, dass der Sir hinterher zu ihr ging, ihr die Hand küsste und ihr herzlich gratulierte. Pauline war zu diesem Zeitpunkt zehn Jahre alt. Sie war so glücklich und stolz, dass sie sich bestimmt eine Woche lang die geküsste Hand nicht mehr gewaschen hat.

Wenn ich danach hin und wieder sagte, sie solle etwas mehr üben, quittierte sie das mit den Worten: »Papa, du hast ja gesehen, wenn es darauf ankommt, kann ich es doch.« Sie hatte recht. Jedenfalls ein bisschen.

ANERKENNUNG VON HÖCHSTER STELLE

Mit meiner Oboe Ludwig Frank gewann ich 2004 den Deutschen Musikinstrumentenpreis. Er wurde mir vom damaligen Bundespräsidenten Johannes Rau verliehen. Anerkennung für unsere Arbeit von höchster Stelle. Diesen Erfolg konnten wir 2018 mit der Mönnig Oboe noch einmal wiederholen, die ich mit Albrecht Mayer entwickelt hatte. Wir kannten uns seit Anfang der 90er-Jahre, seit meinem Feuerwehreinsatz, als seine beiden Oboen nicht zu spielen waren. Unsere richtige Zusammenarbeit begann 2007. Wieder war das Schicksal im Spiel.

Albrecht wurde bei einem Gastspiel in der Slowakei im Frühsommer 2007 seine Oboe d'amore gestohlen. Für ihn ein Desaster, denn im September sollte er sein Debütkonzert als Solist in der Carnegie Hall New York haben. Sein Instrument war von einem Hersteller namens Inganioli, den es schon seit Jahrzehnten nicht mehr gab. Darüber hinaus hatte er sich selbst in einer Mischung aus Papier und Kleber einen Schallbecher gebaut, der klarinettenartig aussah. Die Information über diesen Diebstahl verbreitete sich wie ein Lauffeuer. Sofort schickten ihm alle namhaften Hersteller Instrumente zum Ausprobieren, in der Hoffnung, diesen Superstar zu ihren Kunden zählen zu dürfen.

Ich selbst hatte zwar ein paar Jahre zuvor mit Ingo Goritzki, der auch Albrecht Mayers Lehrer war, eine neue Mönnig Oboe d'amore entwickelt, aber im Wettbewerb mit der geballten Power aus Paris rechnete ich mir keine Chancen aus. Nachdem Albrecht alle ihm zugesandten Instrumente probiert und wieder zurückgeschickt hatte, kam er zu mir. Er testete das Instrument. »Es ist das Beste, was es im Moment gibt, aber ich möchte etwas ganz anderes«, sagte Albrecht. Er fragte mich, ob ich bereit sei, ein Instrument nach seinen Vorstellungen zu bauen. Es waren nur noch drei

Monate bis zum Konzert in New York. Albrecht Mayer war fast jeden zweiten Tag in meiner Werkstatt in Berlin. Auch fuhren wir wiederholt nach Markneukirchen zur Firma Mönnig, um das neue Modell in dieser extrem kurzen Zeit entstehen zu lassen.

Nach einigen Wochen hatten wir etwas Spielbares zum Probieren. Wir arbeiteten an der Bohrung, das ist das Allerheiligste jedes Holzblasinstrumentes, und wussten, dass wir ein tolles Instrument hatten entstehen lassen. Albrecht bat mich, die Bohrung noch etwas mehr zu erweitern. Mein Gefühl sagte Nein, aber ich tat es natürlich dennoch. Das Ergebnis war verheerend. Nichts ging mehr. Albrecht war ganz entspannt. »Ludwig, jetzt wissen wir, wo die Grenze ist. Hätten wir das Instrument nicht zerstört, wüssten wir das nicht.«

Wir bauten ihm ein neues Instrument und Albrecht feierte ein grandioses Debüt in der Carnegie Hall in New York. Wieder einmal hatte es ein Instrument von mir auf eine Bühne geschafft, die ich als Musiker nie betreten hätte können. Ich und das gesamte Team waren voller Stolz auf diese Leistung.

Das war der Anfang einer bis heute andauernden, außerordentlich fruchtbaren Zusammenarbeit. Albrecht Mayer spielt heute nur noch Oboe, Oboe d'amore und Englisch Horn aus unserer Werkstatt. Sein Debüt mit dem neuen Instrument in der Berliner Philharmonie war für viele eine große Überraschung, hatte es doch kaum einer für möglich gehalten, dass er eines Tages eine deutsche Oboe spielen würde. Die halbe Firma kam aus dem Vogtland angereist, um dieses Konzert mitzuerleben. Auch Klaus und Wilhelm Mönnig waren dabei.

Albrecht Mayer war nie der abgehobene Superstar, sondern suchte mit allen Mitarbeitern in Berlin wie in Markneukirchen immer den ganz persönlichen Kontakt. Für mich ist der intensive, persönliche und emotionale Austausch mit den Künstlern das Wichtigste bei der Entwicklung meiner Oboen und Fagotte. Nur so kann das Unmögliche möglich werden. Immer steht dabei die Musik im Vordergrund. Vor allem bei Holzblasinstrumenten kommt es nicht auf den hundertstel Millimeter an, sondern darauf, dass man auf das jeweilige Stück Holz eingeht. Wenn ein Instrument entsteht, fühle ich in meinem Inneren bereits, welche Magie es verbreiten und welch herrliche Musik erklingen wird, wenn es fertig ist.

Durch diese oft sehr leidenschaftliche Arbeit verbindet mich mit vielen Künstlern eine enge Freundschaft. So auch mit Cristina Gomez und Gregor Witt. Beide sind Solo-Oboisten der Staatskapelle Berlin. Gregor ist zudem Professor für Oboe an der Hochschule für Musik in Rostock. Die Zahl seiner herausragenden Absolventen, zu denen auch Cristina Gomez zählt, ist beeindruckend.

Daniel Barenboim schätzt beide Künstler über die Maßen. Das zeigte sich auch bei unserer privaten Party zum 20-jährigen Firmenjubiläum: Obwohl Barenboim den ganzen Tag in Berlin Probe gehabt hatte und am nächsten Morgen zu einer Probe nach Wien fliegen würde, erschien er am Abend in unserer Werkstatt, um mit Gregor Witt die drei *Schumann-Romanzen* zu spielen. Einen solchen Superstar der klassischen Musik wie Barenboim hätten wir niemals bezahlen können. Barenboim spielte auf dem alten Ed Seiler Flügel meines Vaters und Gregor auf einer Oboe von mir. Was kann es für einen Instrumentenbauer Schöneres geben!

Jahre später spielte Barenboim, ebenfalls kostenlos, auf der Debüt-CD von Gregor Witt die *Schumann-Romanzen* mit ihm ein. Er ließ dafür sogar seinen privaten Flügel auf eigene Kosten zum RBB bringen, wo im kleinen Sendesaal aufgenommen wurde. Mein Vater begleitete Gregor bei dieser Aufnahme am Cembalo. So war Gregor der erste Oboist, der bei seiner eigenen CD-Aufnahme gleich von zwei Dirigenten begleitet wurde.

Gregor ist ein überaus unkomplizierter Künstler. Ich habe ihn nie nervös oder aufgeregt erlebt. Er ruht in sich selbst und spielt am Abend mit einer ganz besonderen Musikalität in Verbindung mit seinem sehr runden und dunklen Ton. Wahrscheinlich bezieht er diese Ruhe aus seinem besonderen Hobby: Man kann sagen, er ist Abenteurer. Mit einem selbst gebauten Floß ist er den Yukon hinuntergefahren, er ist im Himalaja gewandert und – das beeindruckt mich am meisten – er fährt im Winter bei minus 30 °C mit Skiern und einem Zelt durch Nord-Norwegen und wird dort mit der

Natur eins. Es gibt viele große Künstler, die zum Ausgleich ganz verrückte Dinge tun.

Cristina Gomez, mit der mich eine Seelenverwandtschaft verbindet, springt mit dem Fallschirm aus einem Flugzeug oder läuft Marathon. Ihre Karriere habe ich von Anfang an begleitet. Als Studentin bei Gregor Witt lernte ich sie kennen. Als sie in Markneukirchen beim Internationalen Instrumentenwettbewerb 2010 und 2011 beim ARD-Wettbewerb Preisträgerin wurde, war ich mit dabei.

Ihr eher zierliches Äußeres täuscht, ihr Oboenspiel verzaubert mit einer schier grenzenlosen Energie und Musikalität das Publikum. So auch mich. Wir tüftelten oft tagelang, um das Beste für sie aus meinen Oboen herauszuholen. Cristina entwickelte dabei sehr konkrete Vorstellungen, was sie wollte. Ihr Sondermodell nannten wir dann auch Flamenco. Ich habe es bisher nur für sie so gebaut.

In der Kunst gibt es eben kaum ein Falsch oder Richtig, sondern unendliche Nuancen des Geschmackes. Diese Feinheiten zu entdecken und zu verstehen erfordert Hingabe und Verständnis. Körperlich ist meine Arbeit eigentlich nicht anstrengend, aber mental verlangt sie mir alles ab. Das Nachdenken, das Ausprobieren hört nie auf. Genau das ist es, was mir an meinem Beruf so viel Spaß macht. Zugleich ist es unglaublich zehrend. Auf diese Weise arbeitete ich dreißig Jahre lang fast Tag und Nacht, jahrein, jahraus. Eine unglaubliche Erfüllung für mich.

MIDLIFE-CRISIS

Doch meine Ehe litt sehr darunter und scheiterte letztlich auch an diesem Leben in zwei völlig verschiedenen Welten. Ich bin Kathrin unendlich dankbar dafür, dass sie unsere Tochter so großartig erzog und aus ihr einen so wunderbaren Menschen machte. Pauline ist in die berufliche Richtung ihrer Mutter gegangen. Heute arbeitet sie in der Praxis für Krankengymnastik von Kathrin mit und wird diese wohl auch übernehmen. Natürlich hätte ich mir sehr gewünscht, dass Pauline mein Werk einmal fortführt, aber die Hauptsache ist, dass sie glücklich ist. Hier hat das Pendel des Schicksals sich nicht in meine Richtung bewegt.

Nach unserem zwanzigjährigen Firmenjubiläum 2011 begann bei mir so etwas wie eine Midlife-Crisis. Die Belastung durch die Leitung der beiden Firmen war immens. Die Tatsache, dass Pauline sich nicht als meine Nachfolgerin sah, nahm mir einiges von meiner Kraft und auch emotional war ich völlig leer. Kathrin versuchte mit viel Einfühlungsvermögen, daran etwas zu ändern, doch sie konnte mich kaum noch erreichen.

In der Geschäftsführung in Markneukirchen gab es immer mehr Auseinandersetzungen über den Führungsstil und die Abläufe bei der Herstellung der Instrumente. Immerhin waren wir drei Geschäftsführer. Ich kann sehr schwer nachgeben, wenn ich der Meinung bin, dass meine Entscheidung richtig ist. Das heißt nicht, dass ich nicht kritikfähig bin. In meiner Beziehung zu den Künstlern bin ich sicher einer der kritikfähigsten Instrumentenbauer – was auch der Grund für meinen Erfolg ist. Ich frage, höre genau zu und lerne daraus. 30 Jahre lang war ich immer wieder offen für Neues.

Aber gerade deswegen muss ich dann auch alle Ideen so schnell wie möglich umsetzen. Genau durch diesen Schwung hatten wir es ja geschafft,

Dinge zu erreichen, die aussichtslos schienen. Immer wenn jemand sagte, etwas ginge nicht, dachte ich: »Das sehen wir doch erst mal!«

Zwei Jahre später war es trotz aller Versuche unumgänglich, etwas zu verändern. Sonst wäre ich auf der Couch eines Psychiaters gelandet.

Ich übergab die Geschäftsführung in Markneukirchen meinem Nachfolger Christian Gander. Frei nach dem genialen Hape Kerkeling überlegte ich mir, wie ich am besten »mal weg kommen« würde. So entschloss ich mich Mitte Juni 2013 dazu, mein altes Fahrrad aus dem Schuppen zu holen, mit dem Schiff nach Helsinki zu fahren und dann zu sehen, was passieren würde. Es wurde meine »Tour de Frank«.

Nach knapp 5000 Kilometern und 59 Tagen war ich in Spanien und fühlte mich fast wie neugeboren. Noch nie hatte ich so etwas gemacht – und es tat so gut! Es half mir auch, meine körperlichen Grenzen auszuloten. Mit den Firmen telefonierte ich in dieser Zeit kein einziges Mal. Kopf und Geist waren wieder frei und auch Herz und Seele öffneten sich.

Zurück zu Hause versuchten wir in unserer Ehe einen Neuanfang. Aber die Liebe, dieses wunderbare Wesen, hatte sich verflüchtigt. Leider! Wir hatten zusammen vieles aufgebaut und erlebt, wir haben eine wunderbare Tochter, aber über die Jahre waren wir zu verschieden geworden. Es gab keinen Streit. Aber auch nicht viel Gemeinsames. Einige Jahre lang dachte ich, das ist eben so. Wenn man erst mal 50 ist, kann man auch ohne die große Liebe zusammenleben. Zumindest war ich nicht mehr in der Lage, daran etwas zu ändern.

Ich bin Kathrin sehr dankbar für die gemeinsamen Jahre. Noch dankbarer bin ich ihr dafür, dass wir auch nach unserer Trennung eine richtige Freundschaft haben und dass sie niemals versucht hat, Pauline gegen mich in Stellung zu bringen. Und das, obwohl ich es war, der sich neu verliebte und damit die Trennung herbeiführte und verschuldete.

DAS LEBEN GEHT WEITER

Im Juli 2019 war ich für ein Festival mit Ausstellungen in Taiwan. Nach unzähligen Reisen in dieses wunderbare Land kenne ich dort fast alle, die Oboe oder Fagott spielen. So war es immer sehr freundschaftlich und persönlich, wenn ich mit all diesen guten Freunden abends zusammensaß und wir über Gott und die Welt redeten.

Doch dieses Mal war es anders. Meine allerliebste Freundin und Kundin Wanchen Hsieh hatte etwas sehr Trauriges in ihren Augen. Wir kennen uns seit 27 Jahren. Ich habe erlebt, wie sie geheiratet hat und habe ihre drei Kinder von Geburt an aufwachsen sehen. Schon seit Langem fühlte ich mich zu ihr hingezogen, doch es verbietet sich für mich, mich in eine glückliche Ehe einzumischen.

Als sie voller Trauer erzählte, welch ein Martyrium sie mit ihrem Mann durchmachte und mich innig ansah, gab es für mein Herz kein Halten mehr. Ich war verliebt bis über beide Ohren. Doch während der gesamten Zeit des Festivals gab es keinen einzigen Moment, an dem wir uns hätten alleine unterhalten können. Wanchen hatte ihre mittlere Tochter dabei und meine Aufmerksamkeit wurde von anderen eingefordert. Ich hoffte auf einen kleinen Moment der Zweisamkeit. Vergebens.

So ging das Festival zu Ende. Wanchen fuhr nach Hause und ich zum Flughafen. Wie konnte ich nur herausfinden, ob auch sie dieses wunderbare Gefühl der Liebe empfand? Ich zermarterte mir das Gehirn. Sie hatte mir erzählt, dass sie drei Wochen später einige große Konzerte in Taiwan spielen würde. Noch vom Flughafen in Taiwan schrieb ich ihr und fragte, ob sie sich freuen würde, wenn ich in drei Wochen zu ihren Konzerten noch einmal käme. Es dauerte keine zehn Sekunden, bis ihre Antwort kam: »Ja!« Das konnte alles bedeuten. Vielleicht freute sie sich einfach nur über meinen Besuch. Oder ihr Herz machte so große Sprünge wie meines?

Gleich nach meiner Ankunft in Deutschland buchte ich einen neuen Flug nach Taiwan. Freitag ankommen und Sonntag zurück. Ein Wochenendtrip von Deutschland nach Taiwan. Die Tage vergingen quälend langsam, ich konnte es kaum erwarten. Tatsächlich hatte ich auch Kunden in Taiwan für neue Oboen, sodass sich der wahre Grund meiner Reise verheimlichen ließ.

Zu meiner Schande muss ich gestehen, dass ich vor lauter Aufregung vergessen hatte, dass Pauline just an diesem Wochenende ihre Abschlussfeier der Ausbildung zur Physiotherapeutin hatte. Als ich das merkte, war es schon nicht mehr zu ändern. So flog ich mit schlechtem Gewissen und unglaublich nervös nach Taiwan. Die Landung war früh morgens. Ich setzte mich in den taiwanesischen Superzug und kam zwei Stunden und 500 Kilometer später ganz am südlichen Ende Taiwans in Kaoshiung an. Rein ins Taxi und zum Hotel.

Mein Zimmer war noch nicht fertig und so klopfte ich bei Wanchen. Sie öffnete die Tür, hatte kaum etwas an und wir küssten uns. Nun war ich mir sicher: Dieses Gefühl kam aus beiden Herzen. Ich brauchte mein gebuchtes Zimmer nicht mehr. Auch hier bin ich dem Schicksal unglaublich dankbar für diese Wendung in meinem Leben. Nicht dass dadurch irgendetwas einfacher geworden wäre. Im Gegenteil. Eine Trennung ist niemals einfach. Erst recht nicht, wenn man sich eigentlich gut versteht. Zudem hatten die Anträge bei Konsulaten, Ausländerbehörden und anderen Ämtern teilweise etwas sehr Groteskes an sich. Einerseits kommen Hunderttausende ohne Papiere oder Nachweis ihrer wahren Identität nach Deutschland und andererseits ist der offizielle Weg fast unüberwindbar. Es dauerte drei Jahre, die Papiere für Wanchen zusammenzubekommen.

Heute lebt sie mit mir zusammen bei Berlin, arbeitet als freischaffende Oboistin und wird von vielen Orchestern eingeladen. Wir haben für sie ein Oboenquartett gegründet: das Schmetterlingsquartett. Ich kümmere mich um Engagements und die Organisation.

Zum 31.12.2020 habe ich meine Anteile am Geschäft Frank & Meyer an meine Nachfolgerin Sabine Drengner abgegeben. Nun arbeite ich hier wie bei Mönnig in Markneukirchen als Berater, Kundenbetreuer, ich mache

Ausstellungen und entwickle die Oboen und Fagotte weiter. Statt siebzig Arbeitsstunden pro Woche arbeite ich lediglich zwanzig und ab 2030 werde ich nur noch in Konzerte und Opern gehen. Das ist mir das Schönste.

Für all diese Dinge bin ich dem Schicksal unendlich dankbar. Ich darf ein Leben inmitten der Musik, der Instrumente und mit meiner liebsten Wanchen genießen. Danke, Schicksal!

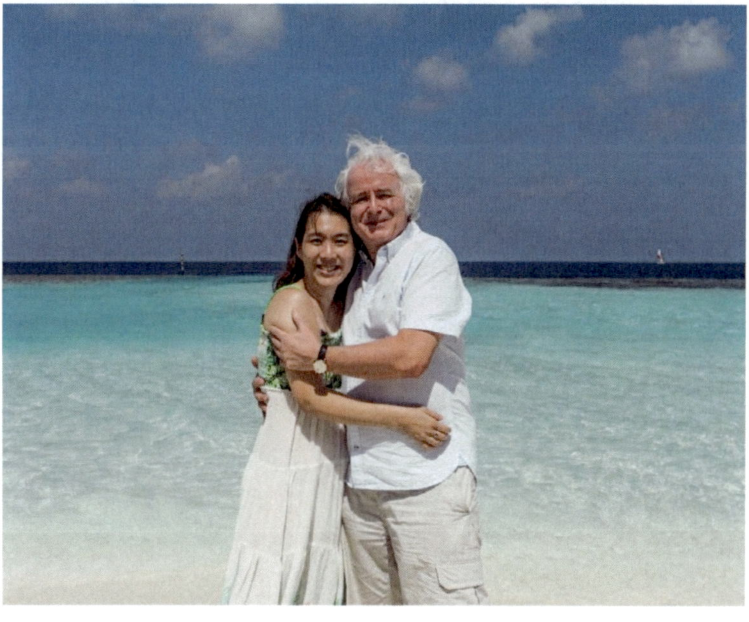

Danke, Schicksal!

ANHANG

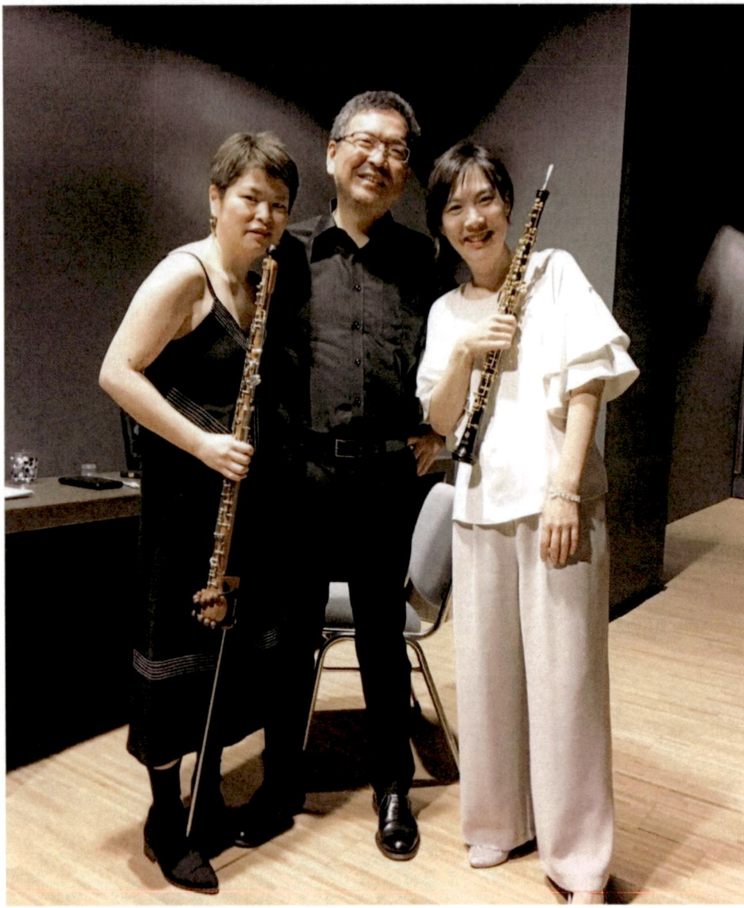

Azusa Aoyama, Satoki Aoyama und Wanchen Hsieh (v.l.n.r.) nach dem Konzert in Taipeh, 2018

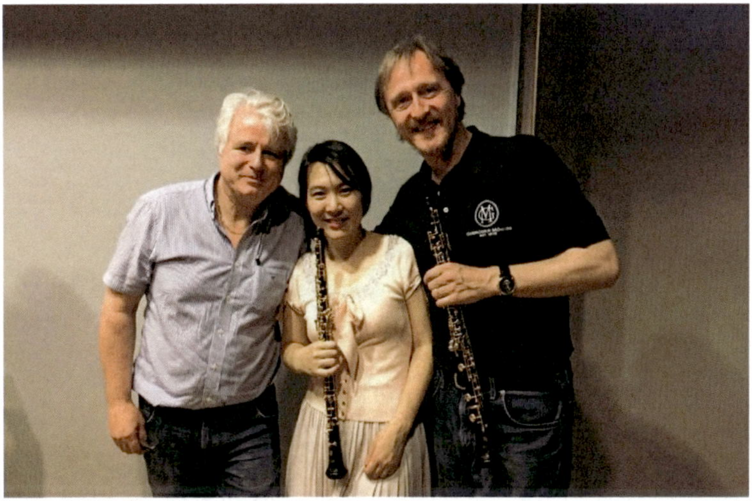

Ludwig Frank, Wanchen Hsieh und Albrecht Mayer (v.l.n.r.) nach dem Konzert in Taipeh, 2017

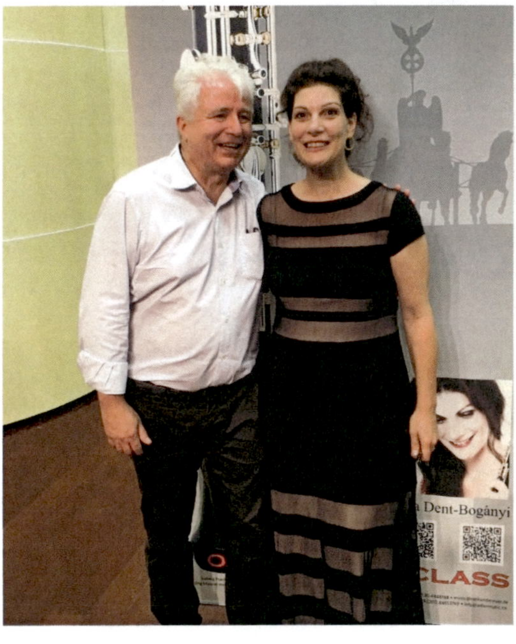

Clara Dent-Bogany mit Ludwig Frank nach dem Konzert in Peking, 2017

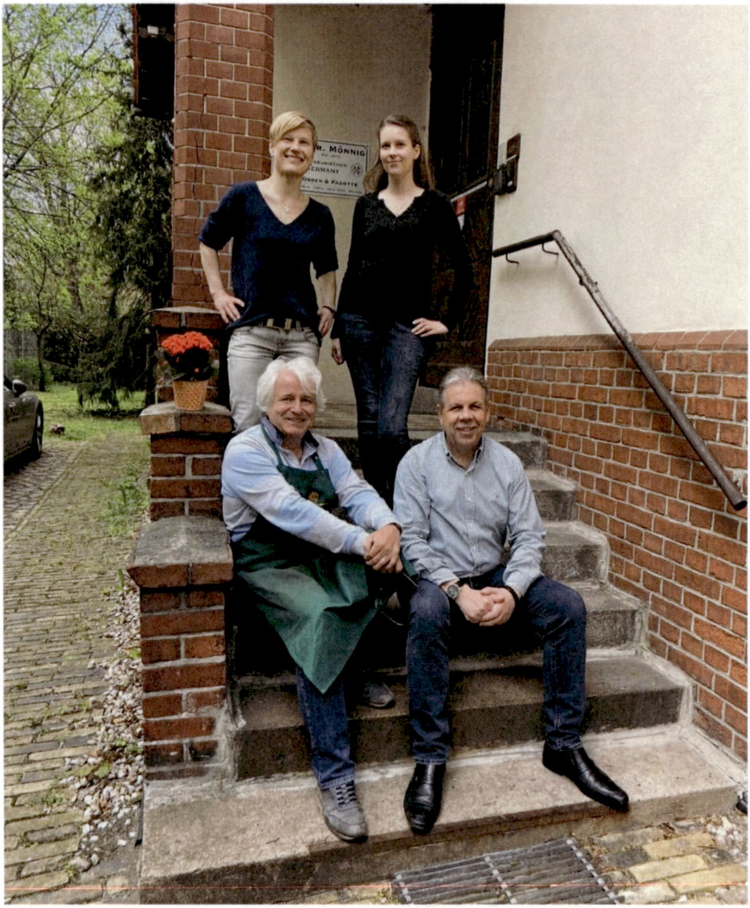

Vor dem Firmensitz in Berlin Pankow.
Hinten links nach rechts Sabine Drengner (meine Nachfolgerin in Berlin),
Christin Meyer (Tochter von Frank Meyer)
Vorne links nach rechts: Ludwig Frank, Frank Meyer

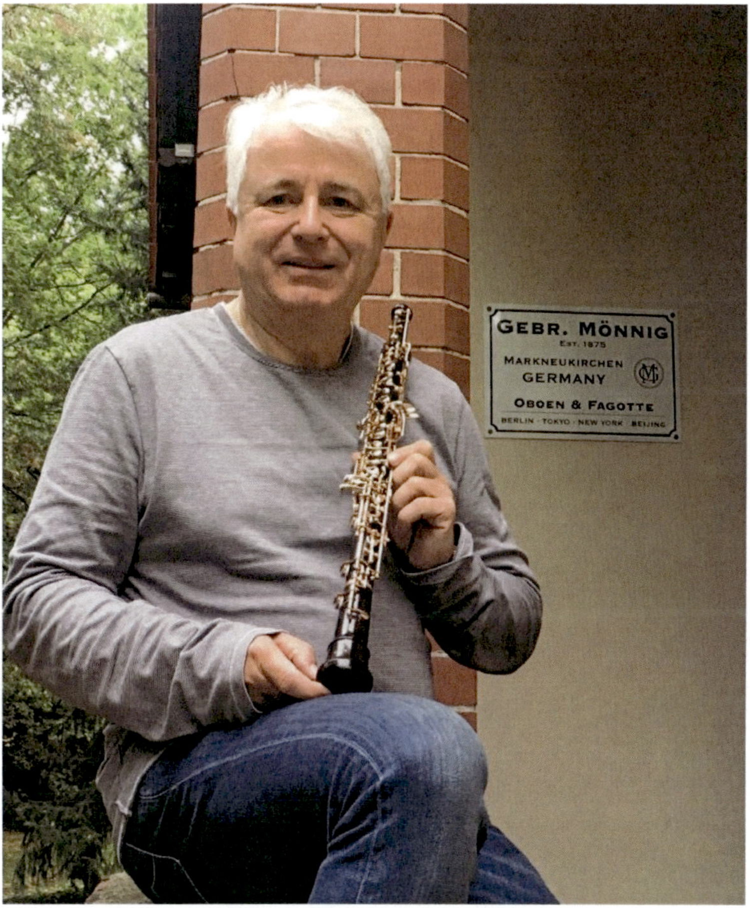

Ludwig Frank vor dem Firmensitz in Berlin Pankow mit einer seiner Oboen

Bibliografische Information der Deutschen Nationalbibliothek: Die Deutsche Nationalbibliothek verzeichnet diese Publikation in der Deutschen Nationalbibliografie; detaillierte bibliografische Daten sind im Internet über
http://dnb.d-nb.de abrufbar.

1. Auflage 2023 © Ultraviolett Verlag
Verlagsinhaberin: Katja Völkel
www.ultraviolett-verlag.de

Layout Jana Rogge
Lektorat Gisela Lehmeier, Feinschliff Text & Lektorat
Fotos Titelfoto: Photostudio Suzan Leonhardt
Portrait Albrecht Mayer, S. 84: Stefan Schweigert
Portrait Mutter, S. 4: Barbara Koppe
Kopien der Stasiakten aus der Akte Ludwig Frank
(S. 63–68): BArch, BV Berlin, KD Prenzlauer Berg, Nr. 8709
alle weiteren Fotografien stammen aus dem Privatarchiv
Ludwig Frank

Gesamtherstellung Ultraviolett Verlag, Dresden
Druck Bookpress (Polen)

ISBN 978-3-96887-022-9